家事関連費を中心とした必要経費の実務

平川 忠雄 編著

中島 孝一 共著
西野 道之助
岡本 博美
若山 寿裕
小山 武晴

税務研究会出版局

まえがき

　所得税法等においては、個人に帰属する支出費用を「家事上の経費（家事費）」及び「家事上の経費に関連する経費（家事関連費）」と、「業務上の経費」に区分しています。

　そのうえで、「家事費及び家事関連費は、原則として各種所得の計算上必要経費に算入することはできない」とする一方、家事関連費のうち、「業務の遂行上必要である部分を明らかに区分することができる場合には、その必要である部分に相当する金額」を必要経費に算入できるとされています。

　また、「生計を一にしている配偶者その他親族に支払う給料、家賃、借入金等の利子等」は、「その対価を支払ってもその支払金額を必要経費にすることはできない」とされていますが、その支払いを受けた親族がその支払いの対価を得るための必要経費に算入されるべき金額がある場合には、その金額は事業主の必要経費に算入されます。

　本書は、個人の所得に係る税金ガイドラインを実務的見地よりまとめ、実務上のマニュアル的参考事項の網羅という観点から、「総論」において必要経費の具体的税務上の実務対応を記述しています。

　加えて、家事関連費と必要経費について、実務的ケーススタディを裁決・判決例の傾向を基に解説分析を行っています。

　更に、所得税法に規定する「青色事業専従者給与」の実務上、有利活用の原点となる具体的手続き、有効活用事項を記述してまとめています。

　具体的には、第１章で「総論」として、必要経費の範囲・規定等の確認、次の第２章では「家事関連費と必要経費の区分」として、各勘定科目におけるそれらの区分の実務的な検討、最後に第３章で「青色事業専従者給与」と

して、青色専従者の要件・支給金額の妥当性等の確認・検討を行っています。

　所得税関係の実務書として、プロが必要としているノウハウとともに、税務上の実務的観点といえるマニュアル的参考事項を盛り込んだ本書が、納税者の方々の適正申告にプラスになることを期待致します。

　本書の記述に当たりまして、税務研究会のスタッフの方々の税制への網羅的取組みの意欲が、「必要な認識と活用上の留意事項の記述のある実務書のニーズがある税務申告者または、その代理申告者の方々のニーズ」としてまとめられたことをご認識いただき、本書を多数の方々がご活用されることを祈念いたします。

　平成28年10月

編著者代表
平川忠雄

目 次

総 論

1 必要経費に算入すべき金額　2

1. 必要経費の範囲 ———————————————————————— 2
2. 必要経費の算入時期 ————————————————————— 3
3. 債務の確定しているものの例外 ———————————————— 3
4. 必要経費の具体例 —————————————————————— 6

2 別段の定めによる必要経費　11

1. 事業用固定資産等の損失 ——————————————————— 11
2. 貸倒損失 ———————————————————————————— 11
3. 貸倒引当金 —————————————————————————— 12
4. 事業を廃止した場合 ————————————————————— 12
5. 家内労働者等の所得計算の特例 ———————————————— 12
6. 青色事業専従者給与 ————————————————————— 14
7. 不動産賃貸業における事業的規模の判定 ———————————— 14

3 相続が発生した場合の必要経費　16

1. 死亡した者の準確定申告における必要経費 —————————— 16

| **2** 事業承継者である相続人の確定申告 | 19 |

4 所得税の必要経費と法人税の損金の相違　20

| **1** 所得税法第37条と法人税法第22条 | 20 |
| **2** 所得税法と法人税法において異なる取扱い | 21 |

第2章

家事関連費と必要経費の区分

1 家事関連費の範囲　24

1 家事費と家事関連費 ——————————————————————24
(1) 主たる部分が業務の遂行上必要であることの判断 ………………………… 25
(2) 業務の遂行上必要な部分の形式的な判断 ………………………………… 25
(3) 青色申告者と白色申告者 ………………………………………………… 26
(4) 必要経費に算入することができない家事関連費 ………………………… 26
(5) 家事関連費の按分 ………………………………………………………… 29
(6) 事業から対価を受ける親族がある場合の必要経費の特例 ……………… 30

2 家事関連費か必要経費か　33

1 交際費 ——————————————————————————————33
(1) 科目の論点 ………………………………………………………………… 33
(2) ケーススタディ …………………………………………………………… 34
(3) 裁決・判決例の傾向 ……………………………………………………… 35
2 借入金利子 ————————————————————————————40
(1) 科目の論点 ………………………………………………………………… 40

(2)	ケーススタディ	42
(3)	裁決・判決例の傾向	45

3 同族会社へ支払う不動産管理費 — 48
(1)	科目の論点	48
(2)	ケーススタディ	48
(3)	裁決・判決例の傾向	50

4 減価償却費 — 62
(1)	科目の論点	62
(2)	ケーススタディ	65
(3)	裁決・判決例の傾向	67

5 租税公課 — 72
(1)	科目の論点	72
(2)	ケーススタディ	78
(3)	裁決・判決例の傾向	79

6 貸倒損失 — 82
(1)	科目の論点	82
(2)	ケーススタディ	87
(3)	裁決・判決例の傾向	89

7 諸会費 — 94
(1)	科目の論点	94
(2)	ケーススタディ	95
(3)	裁決・判決例の傾向	96

8 給料賃金・報酬等 — 100
(1)	科目の論点	100
(2)	ケーススタディ	102
(3)	裁決・判決例の傾向	104

9 退職金 — 107
(1)	科目の論点	107
(2)	ケーススタディ	108
(3)	裁決・判決例の傾向	110

10 福利厚生費 — 113
(1)	科目の論点	113
(2)	ケーススタディ	113

	(3) 裁決・判決例の傾向 ································· 115

11 損害賠償金、訴訟費用 ─────────────────── 117
　(1) 科目の論点 ··· 117
　(2) ケーススタディ ····································· 119
　(3) 裁決・判決例の傾向 ································· 122

12 旅費交通費 ─────────────────────────── 123
　(1) 科目の論点 ··· 123
　(2) ケーススタディ ····································· 126
　(3) 裁決・判決例の傾向 ································· 132

13 消耗品費 ──────────────────────────── 133
　(1) 科目の論点 ··· 133
　(2) ケーススタディ ····································· 134

14 地代家賃 ──────────────────────────── 138
　(1) 科目の論点 ··· 138
　(2) ケーススタディ ····································· 139
　(3) 裁決・判決例の傾向 ································· 142

15 教育研修費 ─────────────────────────── 144
　(1) 科目の論点 ··· 144
　(2) ケーススタディ ····································· 145
　(3) 裁決・判決例の傾向 ································· 146

第3章

青色事業専従者給与

1 青色事業専従者給与とは ───────────────────── 150
　(1) 専従者給与と専従者控除の概要 ······················· 150
　(2) 青色事業専従者の要件 ······························· 150
　(3) 青色事業専従者給与に関する届出 ····················· 150
　(4) その他の留意事項 ··································· 151

2 不動産所得と青色事業専従者給与 ─── 151
(1) 青色事業専従者給与の適用対象となる所得 ……………………… 151
(2) 不動産所得と青色事業専従者給与 ………………………………… 151

3 青色事業専従者の要件の検討 ─── 153
(1) 「生計を一にする」とは ……………………………………………… 153
(2) 「事業に専ら従事する」とは ………………………………………… 156

4 青色専従者給与に関する届出 ─── 180
(1) 届出期限 ………………………………………………………………… 180
(2) 記載内容 ………………………………………………………………… 181

5 青色事業専従者給与の金額の検討 ─── 186
(1) 労務の対価として相当であると認められる金額 ………………… 186
(2) 支払いの事実 …………………………………………………………… 187
(3) 判決例・裁決例による
「給与の支払いを受けた場合」の可否についての留意点 ………… 188
(4) 判決例・裁決例による
青色事業専従者給与の適正額についての留意点 …………………… 190
(5) 青色事業専従者給与の
支払いの事実・適正額についての最近の判決例・裁決例 ………… 197

6 その他の留意点 ─── 209
(1) 青色事業専従者給与の按分（不動産所得と事業所得がある場合等）…… 209
(2) 共有する不動産に係る不動産所得の青色事業専従者 …………… 210
(3) 青色事業専従者に支払った退職金 ………………………………… 212
(4) 青色事業専従者給与の額が事業主の所得を上回る場合 ………… 213

凡例

所法　………所得税法

所令　………所得税法施行令

所規　………所得税法施行規則

所基通　………所得税基本通達

措法　………租税特別措置法

法法　………法人税法

法基通　………法人税基本通達

第1章

総 論

第1章　総論

1 必要経費に算入すべき金額

　必要経費とは、下記の算式のように、総収入金額から差し引くことのできる費用をいいます。
　その年分の不動産所得の金額、事業所得の金額または雑所得の金額の計算上必要経費に算入すべき金額は、別段の定めがあるものを除き、これらの所得の総収入金額に係る売上原価その他総収入金額を得るため直接要した費用の額及びその年における販売費、一般管理費その他これらの所得を生ずべき業務について生じた費用（償却費以外でその年において債務の確定しないものを除く）の額とされています（所法37）。

【算式】
　　　　総収入金額 － 必要経費 ＝ 所得金額

1 必要経費の範囲

　必要経費は、総収入金額に対応するものとその年に期間対応するものに区分されます。
・　総収入金額に対応する必要経費とは、総収入金額に係る売上原価その他当該総収入金額を得るために直接要した費用の額が必要経費になります。
・　その年に期間対応する必要経費とは、その年における販売費、一般管理費だけでなく、業務に関連する通常必要な支出が含まれます。

2 必要経費の算入時期

　売上原価その他総収入金額を得るために直接要した費用は、別段の定めがあるものを除き、その年において次のように債務の確定しているものに限るものとされ、次に掲げる内容になります（所基通37－2）。
　したがって、実際に支払った金額でなく、1月1日から12月31日までの間に債務の確定したものがその年の必要経費に算入されます。
・　その年の12月31日までにその費用に係る債務が成立していること
・　その年の12月31日までにその債務に基づいて具体的な給付をすべき原因となる事実が発生していること
・　その年の12月31日までにその金額を合理的に算出することができるものであること

3 債務の確定しているものの例外

〈売上原価の見積り〉
　個人が、その販売に係る棚卸資産を引渡した場合において、その引渡しの日の属する年の12月31日までにその販売代金の額が確定していないときは、同日の現況によりその金額を合理的に見積もることとされています。この場合、後日確定した金額が見積額と異なるときは、その差額は、その確定した日の属する年分の総収入金額又は必要経費に算入します（所基通36・37共－1）。

〈損害賠償金〉
　業務の遂行に関連して他の者に与えた損害につき賠償をする場合において、その年12月31日までにその賠償すべき額が確定していないときに、同日

までにその額として相手方に申し出た金額（相手方に対する申出に代えて第三者に寄託した額を含む。）に相当する金額（保険金等により補塡されることが明らかな部分の金額を除く。）について、その年分の必要経費に算入することができます（所基通37－2の2）。

〈翌年以降の賃貸料を一括して収受した場合の必要経費〉
　資産の貸付けの対価としてその年分の総収入金額に算入された賃貸料でその翌年以後の貸付期間にわたるものに係る必要経費については、その総収入金額に算入された年において生じたその貸付けの業務に係る費用または損失の金額とその年の翌年以後その賃貸料に係る貸付期間が終了する日までの各年において通常生ずると見込まれる業務に係る費用の見積額との合計額をその総収入金額に算入された年分の必要経費に算入することができます。

　この場合において、翌年以後において実際に生じた費用または損失の金額が見積額と異なることとなったときは、その差額をその異なることとなった日の属する年分の必要経費又は総収入金額に算入します（所基通37－3）。

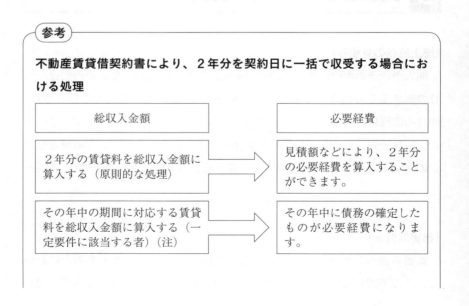

> (注) 不動産所得の収入金額については、契約により支払日が定められている場合には、その支払日により総収入金額に算入することが原則とされています（所基通36－5）。
>
> ただし、不動産貸付けを事業的規模で行っている場合で、取引について継続的に記録し、その記帳に基づいて不動産所得の金額を計算し、かつ不動産等の賃貸料の収入の全部について継続的にその年中の貸付期間に対応する部分の金額を総収入金額に算入し、帳簿上で前受収益や未収収益の経理が行われている場合には、その年中の期間に対応する賃貸料を収入として計上することができます。
>
> なお、不動産貸付けを事業的規模で行っていない場合においても、取引について継続的に記録し、その記帳に基づいて不動産所得の金額の計算が行われている場合、その者の1年以内の期間にかかる不動産等の賃貸料について同様の取扱いにすることができます（昭48直所2－78）。

〈事業を廃止した年分の事業税〉

　事業を廃止した年分の所得について課税される事業税については、当該事業税の課税見込額として下記の算式により計算した金額を当該年分の必要経費に算入することができます。

【算式】

$$\frac{(A \pm B)R}{1+R}$$

A……事業税の課税見込額を控除する前のその年分の当該事業に係る所得の金額

B……事業税の課税標準の計算上Aの金額に加算しまたは減算する金額

R……事業税の税率

4 必要経費の具体例

【主な必要経費】

事業所得の必要経費	・ 売上原価 ・ 租税公課（事業税など） ・ 給料賃金・報酬等 ・ 地代家賃 ・ 消耗品費 ・ 減価償却費 ・ その他事業遂行上必要な費用で家事上の費用と明確に区分できるもの
不動産所得の必要経費	・ 租税公課（固定資産税、事業税など） ・ 損害保険料 ・ 水道光熱費 ・ 不動産管理費 ・ 修繕費 ・ 減価償却費 ・ 借入金利子 ・ その他不動産収入を得るために必要な費用で家事上の費用と明確に区分できるもの

〈売上原価〉

① 売上原価とは

　事業所得を生ずべき者が、商品売上に対する仕入原価など、売上に直接結びつく支出として、次の算式で計算されます。売上原価は、このように収入金額に直接結びつく支出であることから、先に述べた見積計上が認められています。

【算式】
　　期首商品棚卸高 ＋ 当期商品仕入高 － 期末商品棚卸高 ＝ 売上原価

② 当期商品仕入高

　当期商品仕入高は、棚卸資産を取得する際の購入代価として、引取運賃、

荷役費、運送保険料、購入手数料など、その資産の購入のために要した費用を加算した金額とされています（所令103）。

③ 期末棚卸資産の評価方法

期末棚卸資産の評価方法には、原価法と低価法があり、原価法にはさらに次の6つに区分され、事業の種類ごとに、かつ、商品などの棚卸資産の区分ごとに選定し、税務署長に届け出ることになります。ただし、この届出を提出しない場合は、最終仕入原価法により評価をすることになります（所令99）。

一　個別法……期末棚卸資産の全部について、その個々の取得価額を期末評価額とする方法

二　先入先出法……期末棚卸資産が、期末近くに取得したものから順次構成されているものとみなし、そのみなされた棚卸資産の取得価額を期末の評価額とする方法

三　総平均法……期首棚卸資産の取得価額の総額と期中に取得した棚卸資産の取得価額の総額との合計額を、それらの総数量で除した単価によって期末棚卸資産を評価する方法

四　移動平均法……その種類等に属する棚卸資産を取得した都度、その取得価額とその時において有する棚卸資産の取得価額とを総平均して帳簿価額を算出し、この繰り返しにより順次期末まで改訂して期末評価額を定める方法

五　最終仕入原価法……その年の最後に取得したものの単価で、期末棚卸資産を評価する方法

六　売価還元法……期末棚卸資産の通常の販売価額の総額に原価率を乗じて期末棚卸資産を評価する方法

④ 棚卸資産を自家消費した場合

棚卸資産を自家消費した場合には、その販売価額を総収入金額に算入しますが、仕入価額と販売価額の70％相当額のうちいずれか多い金額を総収入金額に算入することもできます。

〈減価償却費〉

① 減価償却資産

建物、機械、器具および備品などの減価償却資産は、その支出をした年だけの経費としないで、その減価償却資産が業務の用に供される期間の費用として配分し、その配分された償却費の額が必要経費に算入されます。

② 減価償却の方法によらず支出した年分の必要経費に算入されるもの

一　使用可能年数が1年未満であるもの

二　取得価額が10万円未満であるもの

三　中小事業者に該当する青色申告書を提出する個人が取得する減価償却資産で、その取得価額が30万円未満であるもの（年間300万円が限度）

③ 減価償却の方法によらず一括償却の方法により必要経費に算入されるもの

取得価額が20万円未満であるものについて、その者の選択により、耐用年数にかかわらず、取得した年以後3年間にわたり必要経費に算入することができます。

④ 減価償却方法

減価償却の方法は、定額法や定率法など、その者が選定した償却方法により償却を行うことになりますが、選定を行わなかった場合には、法定償却方法である定額法により償却します。なお、建物（平成10年4月以後取得）および建物附属設備・構築物（平成28年4月以後取得）は定額法による償却方法に限られます。

〈固定資産税等〉

業務の用に供される資産に係る固定資産税、登録免許税（登録に要する費用を含み、その資産の取得価額に算入されるものを除く。）、不動産取得税、事業所税、自動車税、自動車取得税等は、各種所得の金額の計算上必要経費に算入されます。

納期が分割して定められている固定資産税や事業税の必要経費算入時期に

ついて、各納期の税額をそれぞれの納期の開始の日または実際に納付した日の属する年分の必要経費とすることができます。

【固定資産税の必要経費算入時期】

平成Ｘ５年分として次の納税通知書が６月１日（東京23区）に届き、それぞれ納期限の末日に納付しました。平成Ｘ５年分の必要経費に計上する方法は次の２通りあります。

第１期（納期限６月30日）
第２期（納期限９月30日）
第３期（納期限12月27日）
第４期（納期限２月28日）

---

① 納付した日で必要経費に計上する方法

平成Ｘ４年分の第４期分と平成Ｘ５年分の第１期分～第３期分を必要経費に計上します。

② 納期開始の日で必要経費に計上する方法

平成Ｘ５年分の第１期～第４期分を必要経費に計上します。

〈修繕費〉

業務の用に供される建物などの修繕に要した費用は必要経費に算入することができます。ただし、修繕費、改良費などの名目によって支出した費用でも、その資産の使用可能期間を延長させる部分に対応する金額や資産の価値を増加させる部分に対応する次のような金額については、資本的支出として減価償却することになります（所基通37－10）。

① 建物の避難階段の取付け等物理的に付加した部分に係る金額
② 用途変更のための模様替え等改造又は改装に直接要した金額
③ 機械の部分品を特に品質又は性能の高いものに取り替えた場合のその取

替えに要した金額のうち通常の取替えの場合にその取替えに要すると認められる金額を超える部分の金額

〈借入金利子〉

　事業用資金のために借り入れた借入金による借入金利子は、その年に属する期間に対応する部分の金額が必要経費に算入されます。ただし、業務用の固定資産の取得のために借り入れた借入金利子のうち、その固定資産の使用開始の日までの期間分は、その固定資産の取得価額に算入することができます（所基通37－27）。

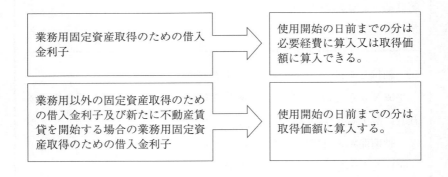

2 別段の定めによる必要経費

1 事業用固定資産等の損失

　個人が不動産所得、事業所得または山林所得を生ずべき事業の用に供される固定資産及び繰延資産のうち、まだ必要経費に算入されていない部分について、取壊し、除却、滅失、その他の事由により生じた損失の金額（保険金又は損害賠償金などで補塡される金額は除く。）はその者のその損失の生じた日の属する年分の不動産所得、事業所得または山林所得の金額の計算上、必要経費に算入されます（所法51①）。

　なお、事業規模でない程度の業務の用に供される資産の損失の金額は、その者の損失の生じた日の属する年分の不動産所得の金額を限度として、必要経費に算入されます。

2 貸倒損失

　個人が不動産所得、事業所得または山林所得を生ずべき事業の遂行上生じた売掛金、貸付金、前渡金その他これらに準ずる債権の貸倒れなどによる損失は、必要経費に算入されます。この場合、事業的規模の場合は、回収不能となった年分の必要経費に算入されますが、それ以外の場合は、その回収することができないこととなった金額に対応する部分の金額はその所得の金額の計算上なかったものとされます（所法51②）。

3 貸倒引当金

　青色申告書を提出する個人が事業所得または山林所得を生ずべき事業の遂行上生じた売掛金、貸付金、前渡金その他これらに準ずる債権の貸倒れなどの事由による損失の見込額として、年末における貸金の帳簿価額の合計額の5.5％（金融業の場合は3.3％）以下の金額を貸倒引当金勘定へ繰り入れたときは、その金額が必要経費に算入されます（所法52）。

【算式】一括評価による貸倒引当金の繰入限度額

$$\left[\begin{array}{c} 売掛金等の \\ 債権の額 \end{array} - \begin{array}{c} 個別評価され \\ た債権等の額 \end{array} - \begin{array}{c} 実質的に債権とみ \\ られないものの額 \end{array} \right] \times 5.5\%$$

4 事業を廃止した場合

　個人が不動産所得、事業所得または山林所得を生ずべき事業を廃止した後において、その事業に係る費用または損失でその事業を廃止しなかったとしたならばその者のその年分以後において必要経費に算入されるべき金額が生じた場合には、その金額は、その者のその廃止した日の属する年分またはその前年分の所得の金額の計算上、必要経費に算入されます（所法63）。

5 家内労働者等の所得計算の特例

　家内労働者等が事業所得または雑所得を有する場合、これらの必要経費の金額の合計額が65万円（他に給与所得を有する場合には、65万円から給与所得控除額を控除した残額となる）に満たないときは、65万円を次により事業所得または雑所得とに区分し、それぞれの金額（事業所得に係る総収入金額または公

的年金等以外の雑所得に係る総収入金額を限度とします。）を必要経費とします（措法27）。

特例対象となる家内労働者等とは、物品の加工、改造、修理などまたはこれらの請負を業とする人から、主として労働の対価を得るために、その業務の目的物たる物品について委託を受けて従事する者とする家内労働者、外交員、集金人、電力量計の検針人または特定の人に対して継続的に人的役務の提供を行うことを業務とする個人です。

〈必要経費に算入する金額〉
① 家内労働者等の所得が事業所得または雑所得のどちらかの場合
　実際にかかった経費の額が65万円未満の場合であっても、65万円まで必要経費に算入することができます。
② 家内労働者等に事業所得および雑所得の両方の所得がある場合
　事業所得および雑所得の実際にかかった経費の合計額が65万円未満の場合は、①と同様に65万円まで必要経費に算入することができます。この場合に、65万円と実際にかかった経費の合計額との差額を、まず雑所得の実際にかかった経費に加えることになります。
③ 家内労働者等に他に給与収入がある場合
　給与の収入金額が65万円以上ある場合は、この特例は受けられません。ただし、給与の収入金額が65万円未満の場合は、65万円からその給与の収入金額を差し引いた残額と、事業所得や雑所得の実際にかかった経費とを比べて高い方がその事業所得や雑所得の必要経費になります。

6 青色事業専従者給与

　個人で事業を営む者が、生計を一にする親族をその事業に従事させて給与を支払う場合があります。
　この場合の取扱いについては第3章で解説します。

7 不動産賃貸業における事業的規模の判定

　不動産所得は、その不動産貸付けが事業として行われているかどうかについては、原則として社会通念上事業と称するに至る程度の規模で行われているかどうかによって実質的に判定を行います。
　なお、建物の貸付が次に掲げる事実のいずれか一つに該当する場合には事業的規模として認められています（所基通26-9）。
① 　貸間、アパート等については貸与することができる独立した室数がおおむね10以上であること
② 　独立家屋の貸付けについては、おおむね5棟以上であること

7 不動産賃貸業における事業的規模の判定

〈事業的規模に該当する場合の取扱いのまとめ〉

	事業的規模の場合	事業的規模でない場合
資産損失 （賃貸用固定資産の取壊し、除却などの損失）	必要経費に算入され、青色申告の場合には3年間繰り越されます。なお、災害などによる損失の場合には白色申告でも3年間繰り越されます。	不動産所得の金額を限度として必要経費に算入されます。なお、災害などによる損失の場合には、雑損控除を選択することもできます。
貸倒損失 （賃貸料等の回収不能による損失）	その事実又は回収不能が明らかになった日の属する年分の必要経費に算入されます。	その回収することができないこととなった金額に対応する部分の金額はその所得の金額の計算上なかったものとされます。したがって、収入に計上した年分にさかのぼって所得計算を再計算します。
専従者給与	青色申告の事業専従者給与または白色申告の事業専従者控除について適用があります。	適用ありません。
青色申告特別控除 （65万円控除）	青色申告者について、一定要件のもと65万円まで青色申告特別控除を適用することができます。	青色申告者については、10万円まで青色申告特別控除を適用することができます。

3 相続が発生した場合の必要経費

　事業所得または不動産所得を生ずべき業務を行っていた者に相続が発生した場合には、その相続人は、相続の開始があったことを知った日の翌日から4か月以内に準確定申告と納税をしなければなりません。

1 死亡した者の準確定申告における必要経費

〈事業承継者がいない場合の残務整理などの費用〉
　事業所得などを生ずべき業務を行っていた者に相続が発生したことにより事業を廃止した場合に、その事業に係る費用または損失でその事業を廃止しなかったならばその者のその年分以後の各年分の事業所得などの金額の計算上必要経費に算入されるべき金額が生じた場合には、その金額はその者の事業を廃止した日の属する年分またはその前年分の事業所得などの金額の計算上、必要経費に算入されます（所法63）。

〈固定資産税の計上〉
　事業所得または不動産所得を生ずべき業務を行っていた者に相続が発生した場合には、その相続発生の時までに納付の確定したものが必要経費に算入されます（所基通37-6）。固定資産税のように賦課課税方式による租税のうち分割して納付する税金については、各納期の税額をそれぞれの納期の開始の日、または実際に納付した日の属する年分の必要経費にすることができます。

1 死亡した者の準確定申告における必要経費

〈事業税の計上〉

　事業税についても固定資産税同様に賦課課税方式による租税のうち分割して納付する税金になりますので、各納期の税額をそれぞれの納期の開始の日、または実際に納付した日の属する年分の必要経費にすることができます。

　ただし、相続が発生して相続人が事業を引き継がない場合には事業廃止となり、先に述べた事業廃止年分の事業税を見込計上することができます。なお、相続人が事業を引き継いだ場合には、事業税の見込計上をすることはできません。

　また、この見込計上をしないで準確定申告書を提出した後に事業税の賦課決定があった場合には、賦課決定のあった日の翌日から2か月以内に、その準確定申告について更正の請求をすることができます（所法152）。

〈相続開始による廃業後の借入金利子〉

　相続の開始後、すぐに借入金を返済できないなどの理由により支払う利子があるときは、〈事業承継者がいない場合の残務整理などの費用〉の費用とは異なり、期間対応の費用になりますので、家事上の経費に該当し、準確定申告の必要経費に算入することはできません。

第 1 章　総論

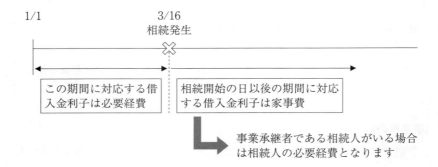

〈相続開始の日の属する月の減価償却費〉

　相続の開始があった場合の減価償却費の計算は、1月1日から相続開始があった日までの期間の月数を12月で除した月数で計算した金額になります。この場合、1か月に満たない場合には、1か月として計算しますので、3月16日に相続が発生したような場合には、3か月分を償却することになります。

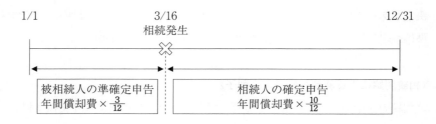

2 事業承継者である相続人の確定申告

〈固定資産税の計上〉

　被相続人の準確定申告において必要経費に算入されなかった固定資産税について、必要経費に算入することができます。

〈相続により引き継いだ借入金利子〉

　被相続人が業務用資産を借入金で取得し、相続人がその業務用資産とともに借入金を相続してその業務を承継している場合には、その借入金利子は、その相続人の必要経費に算入することができます。

〈相続により引き継いだ資産の減価償却費〉

　相続により取得した資産について、取得価額、取得時期および耐用年数は、被相続人が引き続き所有していたものとみなして計算されます。

　ただし、償却方法は引き継がれませんので、相続人が選定する方法を採用し、届出の提出がない場合には法定償却方法である定額法になります。

4 所得税法の必要経費と法人税法の損金の相違点

1 所得税法第37条と法人税法第22条

(1) 所得税法における必要経費は所得税法第37条に、法人税法における損金の額は法人税法第22条第3項に規定され、下記のとおり、原則的規定に大きな違いはありません。ただし実務上の取扱いが異なるものがありますので、次ページ以降で異なる取扱いについて触れていきます。

所得税法	法人税法
【所得税法第37条】 　その年分の不動産所得の金額、事業所得の金額又は雑所得の金額（事業所得の金額及び雑所得の金額のうち山林の伐採又は譲渡に係るもの並びに雑所得の金額のうち第35条第3項に規定する公的年金等に係るものを除く）の計算上必要経費に算入すべき金額は、別段の定めがあるものを除き、これらの所得の総収入金額に係る売上原価その他当該総収入金額を得るために直接要した費用の額及びその年における販売費及び一般管理費その他これらの所得を生ずべき業務について生じた費用（償却費以外の費用でその年において債務の確定しないものを除く）の額とする。	【法人税法第22条】 内国法人の各事業年度の所得の金額の計算上当該事業年度の損金の額に算入すべき金額は別段の定めがあるものを除き、次に掲げる額とする。 ① 当該事業年度の収益に係る売上原価、完成工事原価その他これらに準ずる原価の額 ② 当該事業年度の販売費及び一般管理費その他の費用（償却費以外の費用で当該事業年度終了の日までに債務の確定しないものを除く）の額 ③ 当該事業年度の損失の額で資本等取引以外に係るもの

2 所得税法と法人税法において異なる取扱い

〈減価償却費〉

　所得税法において必要経費に算入する減価償却費は選定した償却方法により償却する、いわゆる強制償却になります。これに対して法人税法では、損金経理要件がありますから、償却限度額の範囲内で法人が任意に償却することも可能です。

〈交際費〉

　交際費については、法人税において租税特別措置法第61条の4に交際費の範囲と、その損金算入に関する限度額が定められています。損金算入限度額は、接待飲食費の額の2分の1までの金額とされていて、資本金1億円以下の法人については、支出する交際費等の金額または年800万円のいずれか低い方の金額とされています。

　一方、所得税法においては特に制限規定がなく、限度額も設けられていませんが、事業に関連があるものでなければ必要経費になりません。

〈固定資産の売却損失〉

　法人税法では、土地や建物など固定資産を売却した際には、帳簿価額と売却価額との差額が固定資産売却損益として計上されます。例えば、本来の事業で利益が100万円出ていて、固定資産売却による損失が40万円あった場合には、その法人の利益は60万円となります。

　一方、所得税において土地や建物などの固定資産を売却した際には、譲渡所得として分離課税が行われますので、例えば、不動産所得で利益が100万円出ていて、固定資産売却による譲渡損失が40万円あった場合においても、不動産所得と譲渡所得は損益通算されません。

第2章

家事関連費と
必要経費の区分

1 家事関連費の範囲

1 家事費と家事関連費

　個人が支出する費用のうち、家事上の経費およびこれに関連する家事関連費のうち、その経費の主たる部分が不動産所得、事業所得、山林所得または雑所得を生ずべき業務の遂行上必要であり、かつ、その必要である部分を明らかに区分することができる場合に必要経費にすることができます。

　なお青色申告者については、家事関連費のうち、取引の記録等に基づいて、不動産所得、事業所得または山林所得を生ずべき業務の遂行上直接必要であったことが明らかにされる部分の金額に相当するものが必要経費になります（所令96）。

	内容	必要経費算入の要件等
家事費	・自己または家族の食費や被服費、医療費、娯楽費などの生活費 ・自己または家族の住宅に係る地代家賃、水道光熱費、修繕費、租税公課、火災保険料 ・自己または家族の生命保険料 ・自己または家族の税金(所得税、住民税、贈与税など) ・自己または家族の税金の滞納による延滞税および延滞金	必要経費に算入されません

1 家事費と家事関連費

	内容	必要経費算入の要件等
家事関連費	・店舗併用住宅の場合の地代家賃、水道光熱費、修繕費、租税公課、火災保険料 ・店舗併用住宅の取得のための借入金利子 ・車両やパソコン並びに携帯電話などで仕事にも私用にも使うもの	業務の遂行上必要である かつ 必要である部分を明らかに区分することができる ⇩ その明らかに区分されたものが必要経費に算入されます。

(1) **主たる部分が業務の遂行上必要であることの判断**

　家事関連費の必要経費算入のためには、経費のうち主たる部分が業務の遂行上必要であることの判断のうち、その業務の内容、経費の内容、家族および使用人の構成、店舗併用の家屋その他の資産の利用状況等を総合的に勘案して判断することになります。例えば新聞や雑誌を購入したような場合に、自己または家族のために購入したものなのか顧客のために購入したものなのかは、その業種が喫茶店で新聞・雑誌を用意しておく常態なのかどうかなどを総合的に判断することになります（所基通45－1）。

(2) **業務の遂行上必要な部分の形式的な判断**

　家事関連費の必要経費算入のため、業務の遂行上必要な部分について、その支出する金額のうち、その業務の遂行上必要な部分が50％を超えるかどうかにより判定されますが、その必要な部分が50％以下であっても、その必要である部分を明らかに区分することができる場合には、その必要である部分に相当する金額を必要経費に算入することが差支えないとされています（所基通45－2）。

(3) 青色申告者と白色申告者

　白色申告者は、家事関連費のうち、主たる部分が50％を超える支出について必要経費に算入できるとしているものの、50％以下であっても、必要である部分を明らかに区分することができる場合に必要経費の算入が認められています。

　青色申告者は、この"主たる"という部分が除かれていますので、業務の遂行上50％以下でも、業務の遂行上必要であることとその必要である部分が明らかにされていれば必要経費になります。

　したがって、白色申告者の方が法解釈としては厳しく規定されているものの、実務上は同様の取扱いになっています。

(4) 必要経費に算入することができない家事関連費

① 租税公課

　個人が納付する次に掲げるものは必要経費に算入されません。

　一　所得税（所得税に係る延滞税、過少申告加算税等の各種加算税を含みます。）

　二　所得税に係る利子税

　　　国税に係る利子税については、原則として必要経費に算入できません。

　　　ただし、不動産所得、事業所得または山林所得を生ずべき事業による所得から生じたものとして一定の算式により計算した金額は、各所得の金額の計算上、必要経費に算入することができます。ただし、必要経費に算入すべき利子税が確定した年において廃業等により不動産所得、事業所得または山林所得を生ずべき事業を行っていない場合には、その利子税は必要経費に算入できません（所令97、所基通45－4、45－5）。

> **【算式】必要経費に算入できる利子税**
>
> 利子税の額 × $\dfrac{\text{不動産所得の金額、事業所得の金額、山林所得の金額の合計額}}{\text{(各種所得の金額の合計額−給与所得の金額−退職所得の金額)}}$ = 必要経費に算入できる利子税の額
>
> ※ この算式中の所得の金額はいわゆる黒字の金額とし、分母における各種所得の金額のうち、総合譲渡所得や一時所得のように2分の1控除するものは2分の1控除後の金額になります。

　三　所得税以外の国税に係る延滞税、過少申告加算税の各種税金
　四　住民税（道府県民税および市町村民税）
　五　地方税法の規定による延滞金、過少申告加算金、不申告加算金および重加算金

② 罰金および科料

　罰金および科料で、通告処分による罰金または科料に相当するものおよび外国またはその地方公共団体が課する罰金または科料に相当するものは必要経費に算入することができません。なお、外国等が課する罰金または科料に相当するものとは、裁判手続（刑事訴訟手続）を経て外国またはその地方公共団体により課されるものをいいます（所基通45－5の2）。

第2章　家事関連費と 必要経費の区分

③　損害賠償金

　不動産所得、事業所得、山林所得または雑所得を生ずべき業務に関連して、故意または重大な過失によって他人の権利を侵害したことにより支払う損害賠償金は必要経費に算入されません（所法45、所基通45－6）。

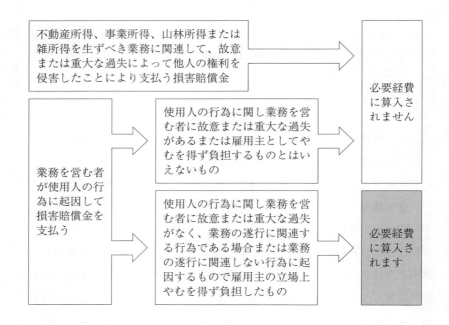

> **参考**
>
> **重大な過失があったかどうかの判定**
>
> 　重大が過失があったかどうかは、その者の職業、地位、加害当時の周囲の状況、侵害した権利の内容および取締法規の有無等の具体的な事情を考慮して、その者が支払うべきであった注意義務の程度を判定し、不注意の程度が著しいかどうかにより判定するものとし、次に掲げるような場合は、特別な事情がない限り、それぞれの行為に重大な過失があったものとされます。

> イ　自動車等の運転者が無免許運転、高速度運転、酔払運転、信号無視その他道路交通法に定める義務に著しく違反することまたは雇用者が超過積載の指示、整備不良車両の運転の指示その他に定める業務に著しく違反することにより他人の権利を侵害した場合
> ロ　劇薬又は爆発物等を他の薬品または物品と誤認して販売したことにより他人の権利を侵害した場合

④　公務員等に対する賄賂

　居住者が供与する刑法第198条《贈賄》に規定する賄賂または不正競争防止法第18条第1項《外国公務員等に対する不正の利益の供与等の禁止》に規定する金銭その他の利益に当たるべき金銭の額および金銭以外のものまたは権利その他経済的な利益の価額（その供与に要する費用の額がある場合には、その費用の額を加算した金額）は、その者の不動産所得の金額、事業所得の金額、山林所得の金額または雑所得の金額の計算上、必要経費に算入されません（所法45②）。

(5)　**家事関連費の按分**

　家事関連費について、その業務の遂行上必要である部分を明らかに区分することが必要であることは先に述べたとおりです。この区分について、実務上は明確な基準が設けられていませんので、個々で判断することになり、具体的には下記のように区分することになります。

項目	内容	必要経費算入のための按分方法
支払家賃、減価償却費（店舗併用住宅）	店舗併用住宅の支払家賃、自己所有物件の場合の減価償却費および固定資産税	業務用部分と自宅部分の床面積につき、使用面積割合または使用割合により按分

水道光熱費 （店舗併用住宅）	店舗併用住宅の水道光熱費	業務用部分と自宅部分の使用面積割合、使用割合、コンセントの数、メーターなどにより按分
借入金利子	店舗併用住宅の取得のための借入金利子	業務用部分と自宅部分の床面積につき、使用面積割合または使用割合により按分
通信費	店舗併用住宅の場合の電話料、インターネット回線費用、携帯電話料金	業務用部分の電話やインターネットの使用割合、使用時間などにより按分
消耗品	業務用とプライベート両方に使用するパソコンなどの購入費用や減価償却費用	業務用部分の使用割合、使用時間などにより按分
車両	自家用車を業務用として使用している場合のガソリン代、駐車場使用料、車検に係る費用、車両の減価償却費、自動車税、自動車保険料	業務用部分として使用した走行距離や使用日数などにより按分
交際費	取引先との打合せに要した会食などの費用	その支出が業務上必要であるものが必要経費に算入されるため、按分計算する性質のものではない。

(6) 事業から対価を受ける親族がある場合の必要経費の特例
① 概要

　個人と生計を一にする配偶者その他の親族がその居住者の営む不動産所得、事業所得または山林所得を生ずべき事業に従事したことその他の事由によりその事業から対価の支払いを受ける場合には、その対価に相当する金額はその居住者のその事業に係る不動産所得の金額、事業所得の金額または山林所得の金額の計算上、必要経費に算入しないものとし、かつ、その親族のその対価に係る各種所得の金額の計算上必要経費に算入されるべき金額は、

その個人のその事業に係る不動産所得の金額、事業所得の金額または山林所得の金額の計算上、必要経費に算入します。

この場合において、その親族が支払いを受けた対価の額およびその親族のその対価に係る各種所得の金額の計算上必要経費に算入されるべき金額は、各種所得の金額の計算上ないものとされます（所法56）。

親族所有の店舗用建物を賃借して事業を行い家賃を支払う場合の取扱い

```
           飲食店経営A
      ┌────────┴────────┐
   家賃50万円           家賃60万円
      ↓                    ↓
  生計一の父B         生計一でない叔父C
```

※Aの処理
父Bに支払った家賃50万円は必要経費に算入されません。ただし、父B所有の建物に対する固定資産税、修繕費、減価償却費のうち賃借している部分に相当する金額は必要経費に算入できます。

※父Bの処理
Aから受け取った家賃50万円は不動産所得の金額の計算上なかったものとされます。

※Aの処理
叔父Cに支払った家賃60万円が必要経費に算入されます。

※叔父Cの処理
Aから受け取った家賃60万円が不動産所得の収入金額に算入されます。

---

② 生計を一にするとは

生計を一にするとは、必ずしも同一の家屋に起居していることをいうものではありません。例えば、勤務、修学、療養等の都合上他の親族と日常の起居を共にしていない親族がある場合であっても、勤務、修学等の余暇には他の親族のもとで起居を共にすることを常例としている場合や、これらの親族間において常に生活費、学資金、療養費等の送金が行われている場合には生計を一にするものとされています。

一方、親族が同一の家屋に起居している場合には、明らかに互いに独立した生活を営んでいると認められる場合を除いて、これらの親族は生計を一にするものとなります（所基通2-47）。

③　生計を一にする親族から無償で賃借している場合の取扱い

不動産所得、事業所得または山林所得を生ずべき事業を営む個人が、生計を一にする配偶者その他の親族が有する資産を無償でその個人の事業の用に供している場合においても、その個人の営むその事業に係る所得の金額の計算上必要経費に算入されることとなる金額をその個人の営む事業に係る所得の金額の計算上必要経費に算入するものとされます（所基通56-1）。

したがって、①の事例においてAが父Bから無償で建物を賃借している場合においても、父B所有の建物に対する固定資産税、修繕費、減価償却費のうち賃借している部分に相当する金額はAの事業所得の金額の計算上必要経費に算入できます。

2 家事関連費か必要経費か

1 交際費

(1) 科目の論点

　法人税法において、交際費等とは「交際費、接待費、機密費その他の費用で、法人がその得意先、仕入れ先その他事業に関係ある者等に対する接待、供応、慰安、贈答その他これらに類する行為のために支出するもの」（措法61の4④）と定義されています。

　これに対して、所得税法では交際費に関する定義規定は設けられていません。これは、法人税法のような損金算入制限がないことによるものと考えられます。ただ、科目処理の基準として、法人税法と同様の定義で理解しても大きな問題はないと考えられます。そして、交際費の必要経費該当性の判断は、所得税法第37条第1項の規定の解釈に基づいて行うことになります。

　一般的に、個人事業主が支出する交際費のうち、その支出の目的が取引先との取引を円滑に進めるためにあるものについては、業務との関連性があるものに限り、あるいは家事費と明確に区分されるもののみが必要経費に該当するものと考えられます。

　一方で、例えば、リベートの支払いがあった場合に、領収書や帳簿への記載もなく支払先が明らかにできないものがある場合には、事業関連性を立証できないことから、必要経費に算入できないとの指摘もあります。

　個人事業主の支出する交際費は幅広く、必要経費への算入の可否についてはしばしば争いのあるところであり、明確な判断根拠に基づく慎重な対応が求められます。

第2章　家事関連費と 必要経費の区分

(2) ケーススタディ

QA1-1　香典の支出

Q　私は、個人で不動産賃貸業を営んでいます。先日、町内会の会長が急逝されたので、葬儀に参列したときに、香典を包みました。この香典は私の不動産所得の計算上、必要経費に算入することができるでしょうか。

A　業務との関連性が明確ではないものは、必要経費に算入することはできません。

解説

所得税法第37第条1項および第45条第1項並びに同施行令第96条の解釈からは、業務との関連性が明確ではないものは、必要経費に算入することはできません。したがって、交際費の支出についても、それが必要経費に算入されるためには、営む業務との関連性が明確である必要があります。

ご質問の香典については、その支出につき業務との具体的な関連性を明確に説明できないものは、必要経費に算入することはできないと考えられます。

QA1-2　趣味で収集するワイン等の提供

Q　私は、個人事業（青色申告）を営んでいます。趣味でワインを収集していますが、時折、取引先の関係者に振る舞ったり贈答したりすることもあります。贈答などをした分については、私の個人事業の必要経費に算入することはできるでしょうか。

A 必要経費に算入する金額について、業務の遂行上直接必要であることが明確に説明でき、その金額が明らかにされるものでなければ必要経費には算入できません。

|解説|

青色申告事業者について、家事関連費が必要経費に算入できる場合とは、取引等の記録に基づいて業務の遂行上直接必要であったことが明らかにされる部分の金額のみとなります（所令96②）。

したがって、ワインの収集等に要した費用は、原則として家事費に該当し必要経費に算入することはできません。また、取引先への贈答等に使用されたものについては、家事関連費として業務の遂行上の直接的な必要性が明らかにされる部分に限り必要経費に算入することができるものと考えられますが、必要経費に算入する金額について明確な必要性および妥当性が説明できなければなりません。

(3) 裁決・判決例の傾向

裁決・判決例 1-1　弁護士会役員としての交際費
（東京高裁・平成24年9月19日判決　TAINS　Z262-12040参照）

① 事案の概要

弁護士業を営む原告納税者Xは、弁護士会の役員を務め、その役員としての活動に伴い支出した懇親会費等を事業所得の金額の計算上必要経費に算入したところ、所轄税務署長Yは、これらの費用については、所得税法第37条第1項の規定する必要経費に該当しないとして更正処分等を行った事案です。

原審（東京地裁・平成23年8月9日判決　TAINS　Z261-11730参照）では、必要経費該当性の判断基準として、事業との「直接の関係性」が必要であるとして、原告納税者Xの弁護士会役員としての活動は、「社会通念上、

弁護士の所得税法上の「事業」に該当するものではない」として、これらの支出の必要経費算入を認めませんでした。これを不服として原告納税者Xが控訴したのが本件です。

② 判決の内容

本判決では、所得税法第37条第1項の解釈について、原審判決を改めて、次のような判断を示しました。

■**本判決における所得税法第37条第1項および所得税法施行令第96条の解釈**

> 本件各支出が原告の事業所得の金額の計算上必要経費として控除されるためには、本件各支出が原告の事業所得を生ずべき業務の遂行上必要であることを要するということになる。
>
> 被控訴人は、一般対応の必要経費の該当性は、当該事業の業務と直接関係をもち、かつ、専ら業務の遂行上必要といえるかによって判断すべきであると主張する。しかしながら、所得税法施行令第96条第1号が、家事関連費のうち、必要経費に算入することができるものについて、経費の主たる部分が「事業所得を…生ずべき業務の遂行上必要」であることを要すると規定している上、ある支出が業務の遂行上必要なものであれば、その業務と関連するものであるというべきである。それにもかかわらず、これに加えて、事業の業務と直接関係をもつことを求めると解する根拠は見当たらず、「直接」という文言の意味は、必ずしも明らかではない。

上記のように、本判決は、必要経費算入要件として、「当該支出が事業所得を生ずべき業務の遂行上必要であることを要すると解するのが相

当」であり、また、事業の業務と直接関係を持つことを求めると解釈する根拠は見当たらないこと、さらには「直接」という文言の意味も必ずしも明らかではないことから、原審判決の「直接の関係性」という判断基準を改めました。

そして、原告納税者Ｘの弁護士会役員としての活動は、その「弁護士として行う事業所得を生ずべき業務に密接に関係する」ことなどから、弁護士会の役員等としての活動に要した費用であっても、業務の遂行上必要な費用であったということができるのであれば、必要経費に算入することができると判示しました。

本判決では、これを踏まえ、争点となった懇親会費等について必要経費算入についての個別的な判断を示しています。

③ 実務上の留意点

本判決は、業務との「直接の関係性」を求める従来の判決例の傾向に準じた原審判決を取消し、条文上の解釈から明確に直接性の要件を否定した、すなわち、業務に関係する間接的な支出であっても必要経費への算入を認めるべきであるとした判決として大きな話題を呼びました。

一方で、業務との関連性をどこまで認めるかということになれば、明確な基準が示されたわけではなく、その意味では必要経費の判断基準が曖昧になった（あるいは、より主観的な判断が許容されることを示した。）とも考えられます。

本判決の守備範囲が今後の実務並びに判決等にどのように影響していくかは注目されるところですが、実務においては、個別の各支出について、引き続き直接性の要件も勘案し、間接的な支出であれば、業務との具体的な関連性について説明が必要になるものと思料します。

裁決・判決例 1-2　不動産所得の交際費の必要経費性

（津地裁・平成20年4月3日判決　TAINS　Z258-10936参照）

① 事案の概要

　被告税務署長Yは、原告納税者Xの平成12年分から平成14年分の所得税について、交際費等の一部が不動産所得の必要経費として認められないとして更正処分（過少申告加算税等の賦課決定を含む。）を行ったところ、原告納税者Xがこれらの処分の取消しを求めた事案です。

　本判決の否認の対象となった交際費（以下、「本件交際費」という。）は、原告納税者Xにおいて、帳簿に相手先や支出の理由等の具体的な記載がされていませんでした。

　これについて原告納税者Xは、接待に用いる飲食店等は、ほとんどが接待先が指定してくること、どの店で接待したかがわかれば接待先がわかること、また、自身の手帳にも接待の事実が記載されていることもあったことから、事業上必要な接待の機会のみを交際費として計上していると主張しました。

② 判決の内容

　本判決では、「交際費を所得税の必要経費として計上するには、当該交際費が、事業活動と直接の関連性を有し、事業の遂行上必要な費用であることが客観的に認められなければならない。」との解釈を示しました。そして、本件交際費について、原告納税者Xの総勘定元帳の交際費勘定には「本件交際費の使途等の記載はなく、…「接待先」及び「内容」を裏付ける客観的証拠は存しない。」こと、「そもそも、原告は、…入居者の募集等を不動産管理会社に委託しているのであり（この点は当事者間に争いがない。）、これら2棟の賃貸用集合住宅を賃貸するのに頻回に飲食店で接待する必要性も乏しい」から、「本件交際費は、原告の不動産所得の必要経費に算入することはできない」と判示しました。

　また原告納税者Xの主張に対しては、証拠として提出された書類から

は、接待先と飲食店の対応関係が見い出せないことなどから受け入れられませんでした。

なお、原告納税者Xは控訴しましたが、必要経費に関する点は原判決が引用され納税者が敗訴しています（名古屋高裁・平成20年9月29日判決 TAINS　Z258-11040参照）。

③　実務上の留意点

本判決においては、不動産所得の必要経費算入の要件として、所得税法第37条第1項の解釈から、納税者が行う事業との「直接の関連性」がなければならないとしています。この点については、必要経費に関する多くの判決例で採用されている解釈基準であると考えられます。

しかしながら、本件交際費については、原告納税者Xの総勘定元帳には、支払年月日、支払先および支払金額の記載はあるものの、使途等の具体的な記述を欠き、判決のいう「直接の関連性」を判断するに足りる客観的な証拠がないことから、そもそもの必要経費性が認められませんでした。

本判決からは、必要経費該当性を判断する以前に、交際費としての使途等が十分に説明できる帳簿等の整備がなければ、必要経費に算入することはできないといえます。

なお、本判決の判示には、そもそも入居者の募集等を外部に委託している状況等で頻繁に飲食等の接待を行うことの必要性についても言及していることから、不動産所得の必要経費に算入される交際費については相当限定的に判断すべきであると考えられます。

2 借入金利子

(1) 科目の論点

　個人が、金融機関等からの借入れにより棚卸資産、設備や不動産等を取得し、これを事業供用して収入を得る場合には、その借入れに伴う利子の支払額は必要経費に算入されます。所得計算上の必要経費の区分は、元本たる借入れがどの事業に費消されたかという借入金の使途により判断することになります。

　借入金利子については、通達によりいくつかの取扱いが示されています。
① 　借入金利子に関する主な通達の扱い
　　一　固定資産の取得費等に算入する借入金の利子等
　　　新たに業務を営む者が、その業務開始前に取得した資産の借入金の利息は、その業務を開始する前までの期間に対応するものは、資産の取得費に算入されます（所基通38－8）。また、借入金により取得した固定資産を交換した場合には、交換の日におけるその借入金の残存額と交換取得資産の価額のうちいずれか低い金額は、その交換の日において、交換取得資産を取得するために借り入れたものとして取り扱われます（所基通38－8の7）。これは収用等による換地処分等があった場合も同様です。なお、交換差金を支払うための借入金は、交換取得資産を取得するための借入れとして取り扱われます（所基通38－8の7注書き）。
　　二　業務用資産の取得のための借入金利子
　　　業務を営んでいる者が業務用固定資産を取得するために借り入れた資金の借入利子は、その者の各種所得の金額の計算上、必要経費に算入することになります（所基通37－27）。ただし、その固定資産の使用開始日までの期間に対応する部分については取得価額に算入することもできます。
　　　賦払いの契約により購入した資産で、契約において購入対価と賦払期間中の利息および賦払金の回収のための費用等に相当する金額とが明らかに

区分されている場合のその利息および費用等に相当する金額は、その期間中の各年分の必要経費に算入することとされていますが、その資産の使用開始日までの期間に対応する部分について、取得価額に算入することもできます（所基通37－28）。

　なお、従来の業務と異なる所得区分に属する業務を開始した場合には、その業務の用に供する資産の取得に係る借入金利子のうち業務を開始するまでの期間に対応する金額は、その資産の取得価額に算入することになります。

三　借入金により取得した固定資産の使用開始後の譲渡

　借入金により取得した固定資産を使用開始後に譲渡した場合に、譲渡の日までに使用しなかった期間がある場合には、その期間の借入利息については、取得費または取得価額には算入しないことになります（所基通38－8の3）。

　これは、使用を停止した日以後譲渡の日までの借入利息は、所得税法第38条の「資産の取得に要した金額」には該当しないためです。この場合には単なる家事上の支出として、必要経費にもならないとするのが相当と考えられます。

四　借換えの場合

　固定資産を取得するために要した借入金を借り換えた場合には、借換え前と借換え後の借入金の額とのうち、いずれか低い金額が、固定資産の取得資金に充てられたものとして取り扱うこととされています（所基通38－8の4）。

五　固定資産の一部を譲渡した場合

　借入金で取得した固定資産の一部を譲渡した場合には、その借入額に、その固定資産のうち譲渡した部分の取得時の価額がその固定資産の取得時の価額のうちに占める割合を乗じて計算した金額を、譲渡した固定資産の取得のために借り入れたものとして所得税基本通達38－8の取扱いを適用することになります（所基通38－8の5）。

② 損益通算の制限（不動産所得が赤字の場合）

不動産所得の計算上、損失が生じた場合には、土地等を取得するために要した負債の利子の額に相当する部分の金額については生じなかったものとみなされ（措法41の4）、損益通算の対象となりません。

これは、借入れを活用した損益通算目的の投機的な不動産投資を抑制し、地価の安定を図ることを目的として平成4年分以後の所得計算について設けられている制度です。

③ 生計一親族に支払う借入金利子

生計一の親族に支払う借入金利子は、必要経費に算入することはできません（所法56）。

(2) ケーススタディ

> **QA2-1** 同族会社への貸付金と借入金利子
>
> **Q** 私は、不動産賃貸業を営んでいますが、金融機関からの提案で、私が所有する不動産の一部を私の子供が100％保有する法人Aに移転することにしました。ただ、法人Aが多額の借入れができないことから、私が借入れをし、同額を法人Aに貸し付けるというスキームで提案を受けています。私から法人Aへの貸付条件は、金融機関からの借入条件と同じ内容にするつもりですが、法人の経営状況を鑑みて、当面は無利息にすることも検討しています。
>
> この場合、私が金融機関に支払う借入金利子は不動産所得の必要経費に算入することができるのでしょうか。
>
> ---
>
> **A** 不動産所得の必要経費に算入することはできません。
>
>
> ご質問の貸付利息の収入の所得区分は、本来、雑所得の収入金額にな

るため、これに対応する利子の支払いがある場合には雑所得の必要経費に算入することになります。したがって、ご質問の借入金利子は、不動産所得の収入金額と対応するものではありませんので、不動産所得の金額の計算上、必要経費に算入することはできません。

なお、法人Aへの貸付けについて、当面の間、無利息とすることを検討しているようですが、その場合に雑所得が赤字となったとしても、その損失の金額については他の所得と通算をすることはできません。

また、無利息貸付けについては、所得税法第157条《同族会社の行為又は計算の否認等》の規定の適用により収入擬制による課税処分が行われた平和事件（最高裁・平成16年7月20日判決　TAINS　Z254-9700）があります。ご質問のスキームについては、法人への貸付けが無利息であることの是非についても検討をすべきであると考えられます。

QA2-2 相続と借入金利子

Q 私は、昨年亡くなった母親より、先祖代々の不動産を相続しましたが、多額の相続税の納税のために金融機関から借入れをしました。母から相続した財産のほとんどは収益不動産なのですが、この借入金利子のうち、私が相続した収益不動産に係る部分の割合に相当する金額を、私の不動産所得の金額の計算上、必要経費に算入することはできるのでしょうか。

A ご質問の借入金利子を必要経費に算入することはできません。

相続税は、被相続人の死亡による相続人らへの財産の移転に伴い課税される税金で、富の再配分機能を果たすことを目的に課されます。ご質

問の借入金は、相続税の納付を目的とする借入金であり、相続税の支払いは、収益不動産により稼得された所得との結びつきを観念するものではなく、一種の相続財産の処分として支出する家事費であることから、必要経費に算入すべきものとは言えません。したがって、相続税の納付のための借入金利子も必要経費に算入することはできません。これは、相続税の延納を選択した場合の利子税等についても同様です。

なお、相続により取得した収益不動産の名義書換料等は、相続人の不動産所得の金額の計算上必要経費に算入することが可能です（所基通49－3、最高裁・平成17年2月1日判決）。

QA2-3 共有相続と借入金利子

Q 亡父が借入金により取得した駐車場用地につき、母と私（子）でそれぞれ2分の1ずつ共有で相続しましたが、借入金については母が高齢ということもあり、私がすべて引き受けました。

賃料収入については、所得税の不動産所得の金額の計算上、母と私で持分に応じて分けておりますが、私が負担している借入金利子については全額、私の不動産所得の必要経費に算入することで問題ないでしょうか。

A あなたの持分に相当する部分のみが、あなたの不動産所得の必要経費に算入されます。

解説

所得税基本通達38－8の9では、被相続人が借入金により取得した固定資産を相続により取得した場合について、次に掲げるいずれか低い金額に相当する借入金は、その相続人が相続開始の日において固定資産の取得のために借り入れたものとして取り扱うものとされています。

2 借入金利子

(1) その相続人が承継した借入金の額
(2) 次の算式で計算した金額

$$\begin{array}{c}\text{被相続人が借り入れた}\\\text{資金のうち相続開始の}\\\text{日における残存額}\end{array} \times \frac{\text{その固定資産のうち、その相続人が取得した部分の相続開始の日における価額}}{\text{その固定資産の相続開始の日における価額}}$$

したがって、あなたが相続した持分相当の借入額は、あなたが借り入れたものとして扱われるため、あなたの相続した不動産の持分相当に対応する利子のみが、あなたの不動産所得の金額の計算上、必要経費に算入されることになります。

(3) 裁決・判決例の傾向

裁決・判決例 2-1　所有権を失った土地に係る借入金利子の必要経費否認
（東京地裁・平成22年9月15日判決　TAINS　Z260-11512参照）

① 事案の概要

本事例の争点は多岐にわたりますが、借入金利子に関する点のみに焦点をあてると、次のようになります。

不動産の貸付けおよび不動産の有効活用に関する企画等の不動産業を営む（と主張する。）原告納税者Ｘが、約19億8,557万円のＦ銀行借入金により平成2年2月に約18億1,300万円で取得した土地（以下「本件土地」という。）を、平成8年に自身が代表を務めるＣ社に10億円で売却し、売却資金はＦ銀行の借入金の返済に充当し、残債が残りました。

本事例では、購入時の使途が明らかでない借入額の1億7,257万円（借入額　19億8,557万円－土地購入費用　18億1,300万円）と、平成8年7月の本件土地の売却後の残債額の利子についての必要経費該当性が争われた事案です。

なお、必要経費に算入した借入金利子の金額は、平成15年分約2,923万円、平成16年分約2,344万円、平成17年分約1,950万円、平成18年分約2,216万円、平成19年分約2,070万円となっています。

② 判決の内容

判決では、次のように所得税法第37条第1項の解釈について示しました。

■本判決の所得税法第37条第1項の解釈

> 　課税の対象となる不動産所得、事業所得等の計算上、所得を得るために必要な支出である必要経費を控除すべきところ、それが生み出すことに役立った収入との対応関係によって把握することとし、売上原価のように特定の収入との対応関係を明らかにできるもの（売上原価その他当該総収入金額を得るために直接に要した費用）については、当該収入との個別対応により、それが生み出した収入の帰属する年の必要経費とするとともに、販売費や一般管理費のようにその費用の性質上特定の収入との対応関係を明らかにできないもの（販売費、一般管理費その他これらの所得を生ずべき業務について生じた費用）については、その年の当該所得に係る総収入とこれを生み出す業務について生じた費用として一般的に対応させて、それが生じた年の必要経費とすることとしたものである

その上で、本件の借入金利子の必要経費該当性については、そもそも原告納税者Ｘが、その主張する事業（不動産の有効活用の企画等の不動産業）を行っていないとの事実認定のもと、本件の借入金利子は事業所得の必要経費となるものではないと判示しました。

その他に、本判決では、これらの借入金利子の必要経費該当性につい

ての判断を示しています。すなわち、当初の借入額と購入額との差額である約1億7,257万円の使途が明らかでない部分に対応する借入金利子は、収入との対応関係を認めることができないため、必要経費に算入する余地はないと判示しました。そして、本件土地は平成8年7月に譲渡されたことにより、原告納税者Xはその所有権を既に失っており、本件土地が原告納税者の不動産所得、事業所得等を生ずべき業務の用に供されていないことから、本件の借入金利子が必要経費に算入される余地はないと判示しました。

本判決の控訴審（東京高裁・平成23年2月23日判決　TAINS　Z261-11622参照）は棄却され確定しています。

③　実務上の留意点

借入金利子の必要経費算入にあたっては、まず、その対応する借入金がどのような目的（使途）で納税者の営む業務において費消されたかという観点に着目して必要経費の該当可能性を検討する必要があります。また、所得税法第37条第1項との関係でいえば、納税者が営む業務から生じる収入との関連性が重要となります。

本件については、借入金により本件土地を取得してから平成8年7月に売却するまでの期間、原告納税者Xはこれを賃貸の用に供し、土地の賃貸収入を得ていました。この期間についての借入金利子を必要経費に算入することは問題ありませんが、譲渡により本件土地の所有権を失い、以後、賃貸収入がなくなった期間においては、本件の借入金に起因する収入も生じないことから、借入金利子を必要経費に算入することはできないと考えるべきです。

実務においても、納税者の借入金について、その目的や使途と対応する業務との関連性を十分に検討し必要経費の該当性を判断する必要があります。

第2章　家事関連費と必要経費の区分

3　同族会社へ支払う不動産管理費

(1)　科目の論点

　自らが所有する不動産等の管理会社を設立し、管理費を支払うことで所得税の節税および所得の分散を図る手法があります。特に富裕層の所得税や相続税対策としてプライベートカンパニーを活用する方法としては非常にポピュラーであり、実務において活用されているスキームでもあります。同様のスキームとしては、単純な資産管理会社方式のほかに、同族会社に資産そのものを持たせる所有型もしくは同族会社が個人不動産を転貸する転貸型といった類型があります。

　同族会社に支払う管理費については特に税務当局との争いになるケースが多く、管理費の料率の設定は現在の実務では賃料収入の10％以下を基準にその妥当性が問題とされると考えます。また、所得税法第37条第1項との関係でいえば、管理実態の伴わない状況下での高率な不動産管理費の支払いは、必要経費への算入が認められないと考えるべきです。管理費としての金額の妥当性は、同族会社が実際に行っている管理業務を総合的に勘案する必要があります。

　なお、同族会社へ支払う不動産管理費については、所得税法第37条ではなく、所得税法第157条《同族会社の行為又は計算の否認等》の規定が適用されるケースも散見され、慎重な対応が求められる項目です。

(2)　ケーススタディ

QA3-1　同族会社に支払う管理費(I)

Q　私は、不動産業を営んでいますが、私が100％株式を保有する同族会社に所有する賃貸不動産の管理業務を委託しています。管理費は、毎月の家賃の15％（税別）としています。この管理費は、

3　同族会社へ支払う不動産管理費

私の不動産所得の計算上、必要経費に算入することができるでしょうか。

　同族会社の管理業務の実態を総合的に勘案する必要がありますが、高率な管理費の設定はその妥当性が問題になります。

解説

　ご質問の不動産管理費について、所得税法第37条第１項との関係でいえば、不動産所得の収入金額を得るため通常必要な範囲に限られるものと考えられます。すなわち、同族会社の行っている管理業務の実態を勘案し、その対価の支払いとして一般的な金額の範囲（現在では賃料収入の10％以下といわれています。）を超えるものは、ご質問の管理費を必要経費に算入することは難しいと考えられます。なお、管理状況の疎明には、口頭のみでの説明では不十分で、実際に行っている管理業務を詳細に記録するなどしておく必要があります。

QA3-2　同族会社に支払う管理費(2)

　私は、自己が所有する不動産を同族会社に賃貸し、同族会社はこれを転貸して収入を得ています。私が同族会社から収受する賃料は、同社の転貸収入の８割となっておりますが、これは、空室リスクを勘案して設定したものです。このような賃料の設定については問題ないでしょうか。

　あなたが収受する収入金額の妥当性もしくは転貸の差益相当（２割）の妥当性について疎明資料を準備する必要があります。

解説

　ご質問の設定に関しては、あなたの不動産所得の金額の計算上、同族会社から収受する賃料収入の妥当性、もしくは、同族会社の収益となる

2割部分について、適正な不動産管理費相当額（必要経費）であるかについて疑義が生じる可能性があるものと思われます。

収入金額の妥当性については、同族会社の転貸収入の8割ということで、通常得られる賃料より低額な賃料設定となっているものと思われますが、所得税法第36条《収入金額》の解釈からは、この賃料設定に基づき不動産所得の収入金額とするものと解されます。ただし、この転貸が同族会社を相手にした取引の場合には、所得税法第157条《同族会社の行為又は計算の否認等》の適用により低額な賃料設定が否認され、適正な収入金額の擬制による課税処分を受ける可能性もあります。また、同族会社の利益となる転貸の差益相当（2割）については、これを管理費の支払いと同視し、適正管理費との比較に基づいた課税処分を受ける可能性がありますので、あわせて注意が必要であるといえます。

空室リスクを勘案した賃料設定とのことですが、それが賃料設定の理由として十分な根拠となるかについては、慎重に検討し、疎明資料を備えておく必要があるものと思われます。

(3) 裁決・判決例の傾向

裁決・判決例 3-1　同族会社へ支払った不動産管理費の必要経費該当性
（東京地裁・平成18年12月1日判決　TAINS　Z256-10592参照）

① 事案の概要

原告納税者Xは、その所有する不動産（以下「本件物件」という）につき、同族会社であるA社と毎月の賃料相当額の15％を委託業務報酬（以下「本件管理費」という）として支払う不動産管理契約を締結し、主に、①清掃業務、②設備管理業務、③庭木、植込等植栽管理業務、④警備保障業務、⑤定期巡回、営繕、苦情処置等管理運営業務を同族会社A社に委託していました。

本件物件は、B社がスポーツクラブ等の施設として利用するために原告納税者Xとの間で、以下の内容を含む賃貸借契約が締結されていました。

一　賃料は月額1,083万3,000円とする。

二　電気、ガスおよび水道の費用、清掃料、整備料その他スポーツクラブの運営管理に関わる費用はすべてB社が負担する。

三　本件建物および機械設備の修繕、修理および維持管理等に関する原告とB社との負担について、通常の維持管理はB社が行い、その管理状況を原告納税者に定期的に報告すること、修繕、改修および取替えに要する費用のうち資本的支出に該当するものは原告納税者の負担とする。

被告税務署長Yは、本件管理費について、同族会社A社は不動産管理委託契約に示された管理業務を行っていないことから、本件管理費は支出の必要性がないとして平成11年分から平成13年分までの所得税の更正処分を行い、これを不服として原告が提訴に及んだものです。

② 判決の内容

判決では、本件管理費について、原告納税者Xと同族会社A社との間で締結された不動産管理委託契約に掲げられた委託業務の内容について、証拠に基づきそれぞれ同族会社A社における管理実態が乏しいという事実認定が行われました。その上で、本件管理費が必要経費に該当するためには、「本件管理契約に基づいてAによる本件物件の管理業務が行われ、その業務に対する報酬すなわち本件管理料の支払いが、原告の営む不動産賃貸業の業務の遂行上、客観的に必要なものであると認識することができるものでなければならない」としたうえで、原告の主張する次の各業務について、それぞれ事実のあてはめを行っています。

一　清掃業務、警備保障業務および定期巡回業務について

同族会社A社の代表取締役である乙（原告納税者の長男）およびそ

の家族らが行ったとする定期巡回や清掃業務は、自宅の窓から覗くなどの方法による監視や、落ちているゴミを拾うといった程度のもので、定期的に巡回、警備、清掃等を行うことはなく、実質的にはＢ社が業者を使い行っていたことなどから、定期巡回や清掃等の管理実態があるとは評価できず、「本件物件の賃貸につき客観的に必要な管理業務をしていないものと認めるのが相当である」と判示されました。

二　苦情処理業務について

　乙の証言によると、外部からの苦情があった場合には同族会社Ａ社が対応することとなっているところ、本件物件の周辺には、同族会社Ａ社が管理していることを示す看板等はなく、本件物件に附属する駐車場設備に関するスポーツクラブの利用客からの苦情は、スポーツクラブに申し入れられ、スポーツクラブの営業に関することはＢ社が対応していたとして、同族会社Ａ社が苦情を受けて対応することはほとんどなかったことから、同族会社Ａ社は「本件物件の管理として苦情処理業務を行っていなかったものというべきであり、少なくとも、本件物件の賃貸につき客観的に必要な管理業務をしていないものと認めるのが相当である」と判示しました。

三　植栽管理業務について

　同族会社Ａ社が行う植栽管理業務については、乙が積極的に作業指示を出すといった関与をしている事実が乏しく、業者が自主的に判断して作業していたことから、同族会社Ａ社が「本件物件の管理として植栽業務を行っていたと評価することはできないというべきであり、少なくとも、本件物件の賃貸につき客観的に必要な管理業務をしていないものと認めるのが相当である」と判示しました。

四　設備管理業務について

　本件物件の設備管理業務については、Ｂ社の担当者らにより対応されており、乙らが対応することはなく、同族会社Ａ社が業者に依頼す

るなどの事実もないことから、同族会社Ａ社は「本件物件の管理として設備管理業務を行っていなかったと評価すべきであり、少なくとも、本件物件の賃貸につき客観的に必要な管理業務をしていないものと認めるのが相当である」と判示しました。

五　営繕業務について

　同族会社Ａ社が業者に依頼して平成11年から平成13年までの間に本件物件の設備管理や営繕を行ったことはないことから、同族会社Ａ社が「本件物件の管理として、営繕業務を行っていなかったものであり、少なくとも、本件物件の賃貸につき客観的に必要な管理業務をしていないものと認めるのが相当である」と判示しました。

これらの判示に加え、その他の諸事情を総合考慮したうえで、「本件管理契約に基づき、本件物件の管理業務を行っていなかったものと評価するべき」として、同族会社Ａ社の管理実態の乏しさを指摘しています。

また、原告納税者Ｘは、同族会社Ａ社に支払う本件管理料について、「経営コンサルタントや関与税理士の意見を聞いて、毎月収納する賃料総額の15％と定めて、これをＡに支払っているのであり、この委託業務報酬の金額は、相当な報酬額である」と主張していました。

しかしながら判決では、「Ａは本件管理委託契約に定める管理業務を行っていないと評価できるのであって、本件管理料の料率及び金額の多寡に着目して、これを必要経費として認めないというものではない」として原告の主張を退けました。

③　実務上の留意点

本事例は、同族会社Ａ社の行っていた管理業務を事実に基づいて評価し、所得税法第37条第１項の解釈をあてはめて、各管理業務の客観的必要性が認められないとして、本件管理費を否認した更正処分を適法であると認めました。

本件各業務に関する本判決でのあてはめは、所得税法第37条第１項の

解釈に基づき、「客観的な必要性」が認められるかどうかを基準としています。また、本事例では、同族会社A社の管理実態について何ら評価できるものがないことから、本件管理費の全てが否認された格好になります。また、原告納税者は、管理費の料率15％の設定に際しては、関与税理士等の意見を聴いたうえで決めた妥当な設定であるとしていましたが、同族会社A社に管理実態がないという評価の下では、この妥当性については問題とされませんでした。

本事例からは、所得税法第37条第1項の解釈において、不動産所得の管理費が必要経費として認められるには、まず、管理会社における管理実態の疎明が必要であるということになります。管理実態が備わって、はじめて、管理会社に支払うべき金額としての妥当性が問題となる点に留意が必要です。

裁決・判決例 3-2 同族会社が行った管理業務の対価であると認められた事例
（平成25年3月4日裁決　TAINS　J90-2-03参照）

① 事案の概要

本裁決は、不動産業務を営む請求人が同族会社（以下「本件同族会社」という。）へ管理費として支払った金員（以下「本件管理料」という。）について、その管理業務の対価として認められた事例です。

本裁決は、本件同族会社のほかにもM社に管理業務を委託しており、同じ業務を本件同族会社に重複して委託する必要性はなく、税務調査時における本件同族会社の管理業務の実態を証明する資料が一切提示されなかったことから、本件金員を必要経費に算入すべきではないとして課税庁による更正処分が行われたことに対して、請求人が審査請求をしたものです。

② 裁決の内容

本裁決では、本件同族会社と請求人が締結した契約内容および、M社

3 同族会社へ支払う不動産管理費

と請求人が締結した契約内容のうち、それぞれの委託業務の範囲を以下のとおり整理しています。

本件同族会社への管理委託業務	M社への管理委託業務
① 建物・構築物・附属設備・敷地の保全・点検 ② 建物・構築物・敷地の清掃・管理・近隣対策 ③ 建物・構築物・附属設備の補修業務	① 入居者選定・審査業務（随時） ② 契約金、賃料等の請求・集金業務（月1回、随時） ③ 滞納保証業務（随時） ④ 24時間緊急対応（随時） ⑤ 建物巡回外視点検業務（月1回） ⑥ 建物定期清掃業務（月2回） ⑦ 苦情処理・折衝業務（随時） ⑧ 共用部分の管理業務（随時） ⑨ 鍵の保管業務 ⑩ 各種証明書の発行業務（随時） ⑪ 更新業務（随時） ⑫ 損傷査定・工事手配・発注を含む解約・精算業務（随時） ⑬ 請求人への報告業務（月1回） ⑭ 保険業務（随時）

これを受けて、本件同族会社とM社との管理業務の実施状況を以下のとおり整理しています。

第2章　家事関連費と必要経費の区分

本件同族会社の管理業務の実施状況	M社の管理業務の実施状況
①　他社との間で、各物件の消防・防災設備の点検に関する契約を、各物件ごとに締結した。請求人は、本件同族会社の代表者として機器点検および総合点検に立ち会った。 ②　他社は、各点検作業により設備の交換・修理が必要な場合には、同社の了解のもと交換等の作業を実施した。	①　各物件の設備に故障や破損等が発生した際の入居者からの連絡窓口となる。 ②　毎月、各物件の入居者から集金した賃料等から同社の管理手数料その他の費用を差し引いた残金を請求人に支払い、その明細を記した書面を本件同族会社宛てに送付する。 ③　不特定の営業担当者による不定期の外周の見回りの実施（請求人への報告や記録の保存はしていない。）。 ④　指定業者に対して、入居者の入退去に併せて原状回復費およびリフォーム工事を発注し、賃料と工事代金等の精算をして本件同族会社に明細書等の書面を送付する。

　さらに、審査請求にあたり審判所に提出された本件同族会社の業務日誌（連絡簿。請求人の亡妻が作成した。）には、以下の内容が、日付や相手方の特定など、「個別具体的な出来事が前後矛盾なく」記載されていると認定しました。
　一　M社からの連絡事項（本件物件に係る入退去および契約更新状況、賃料等の収受状況、修理等の実施状況および入居者からの苦情・要望等）
　二　その他の会社、造園、シルバー人材センター、テレビおよび電気関係の業者からの連絡事項等（本件物件に係る工事等の実施状況および費用等）
　三　交番や弁護士からの連絡事項等
　以上のような整理から、本裁決では、本件同族会社が、本件物件に係る消防・防災設備の点検業務並びに給湯設備の修理および取替え工事の

発注を行うなどした事実が認められること、M社をはじめとした数社と連絡を取り合い、これらの各社による管理業務や工事等の実施内容・状況等の報告を受けていたものと認められること、本件同族会社は、各ノートに記載されたとおり、随時、本件物件の管理業務や工事等を委託または依頼した業者等からの連絡を受付け、必要な対応を行っていたと認められること、といった認定をしています。

これらを総合した上で、本件同族会社は、各年において管理業務を行っていたと認めるのが相当と判断しています。

③ 実務上の留意点

前述の 裁決・判決例 と異なり、本裁決では、同族会社の管理実態が認められて管理費の支払いが必要経費に該当するものと認められました。ただし、管理費としての金額の妥当性については争点となっていないため判断が示されていません。

この点、本裁決と同様に、同族会社に支払う管理費が必要経費として認められた事例として平成23年9月2日裁決（裁決事例集No.84）があります。この裁決では、同族会社が行った管理業務は実態のあるものとして認定され、その対価として支払われた月額賃料の15％の管理費（内、一部業務については、同族会社から他社に再委託されている。）が必要経費として認められています。具体的には、管理物件である駐車場利用者の募集や、クレーム対応、清掃管理等を同族会社が自ら行っており、こうした事実を総合的に勘案すると、同族会社への管理費の支払額は、全額が、管理業務の対価として必要経費に算入されるべきであると判断しています。

これらの裁決事例からは、所得税法第37条第1項に照らして管理料率や金額の妥当性について検討する場合には、同族会社の管理実態が伴っており、個別具体的な管理状況の説明のもとで判断をするべきであると考えられます。

④行為計算の否認規定との関係

　同族会社へ支払う不動産管理費についての裁判例は、所得税法第157条の適用を争点として展開されるケースが多く見受けられます。同条は、いわゆる「行為計算の否認規定」であり、課税庁の職権による更正を認める規定です。

所得税法第157条第１項《同族会社等の行為又は計算の否認等》
　税務署長は、次に掲げる法人の行為又は計算で、これを容認した場合にはその株主等である居住者又はこれと政令で定める特殊の関係のある居住者（その法人の株主等である非居住者と当該特殊の関係のある居住者を含む。第４項において同じ。）の所得税の負担を不当に減少させる結果となると認められるものがあるときは、その居住者の所得税に係る更正又は決定に際し、その行為又は計算にかかわらず、税務署長の認めるところにより、その居住者の各年分の第120条第１項第１号若しくは第３号から第８号まで《確定所得申告書の記載事項》又は第123条第２項第１号、第３号、第５号若しくは第７号《確定損失申告書の記載事項》に掲げる金額を計算することができる。

　一　法人税法第２条第10号《定義》に規定する同族会社
　二　イからハまでのいずれにも該当する法人
　　イ　３以上の支店、工場その他の事業所を有すること。
　　ロ　その事業所の２分の１以上に当たる事業所につき、その事業所の所長、主任その他のその事業所に係る事業の主宰者又は当該主宰者の親族その他の当該主宰者と政令で定める特殊の関係のある個人（以下この号において「所長等」という。）が前に当該事業所において個人として事業を営んでいた事実が

あること。
　ハ　ロに規定する事実がある事業所の所長等の有するその法人の株式又は出資の数又は金額の合計額がその法人の発行済株式又は出資（その法人が有する自己の株式又は出資を除く。）の総数又は総額の3分の2以上に相当すること。

　所得税法第157条第1項の解釈に関しては様々に議論が展開されているところですが、主に転貸方式の所得移転スキームを活用した事例に多く適用されているように思われます。
　また、その適用にあたっては、適正な賃貸料（収入金額）の認定または適正な管理費（必要経費）の認定をどのようにすべきかの認定が行われますが、多くは経済合理性の基準として、非同族の不動産管理会社等を参考にして行われるのが裁判例の傾向であるといえます。
　納税者側としては、申告納税制度のもと、所得税法第37条第1項の解釈に沿った対応が必要ですが、一方で所得税法第157条という職権規定があることも念頭におく必要があります。

■不動産管理費と行為計算否認規定に関する主な裁判例

事例	主な判旨
東京高裁・平成13年9月10日判決（TAINS　Z251-8970参照） ※　上告棄却（最高裁・平成14年2月8日判決（TAINS　Z252-9065参照）	所得税法第157条《同族会社の行為又は計算の否認等》の規定の適用があるかどうかは、経済的、実質的見地において、本件賃貸借契約に係る取引が、経済人の行為として不合理、不自然なものかどうかを判断することによって決すべきであるが、そのためには、当該建物の管理内容等、上記取引に係る事情等を考慮して合理的な賃料を算定し、これと実際の賃貸料を比較する必要があるとされた事例

最高裁・平成11年1月29日判決 （TAINS　Z240-8325参照）	納税者らは建物を同族会社甲社に賃貸し、甲社から賃貸料を収受していたが、その額は建物の管理や修理等が甲社の負担であることを考慮しても、甲社が収受する第三者からの転貸料収入に比較してあまりに低額であるとして、課税庁が、所得税法第157条《同族会社等の行為又は計算の否認等》の規定に基づき、納税者の甲社からの賃貸料額を、当該建物の転貸料収入から、同建物を同族会社でない不動産管理会社に委託した場合に通常支払う管理料額（適正管理料額）と実額の修繕費等を控除した適正賃貸料額に置き換えて、納税者の不動産所得の計算をしたことは適法であるとされた事例
最高裁・平成6年6月21日判決 （TAINS　Z201-7351参照）	同族会社である不動産管理会社から過少な賃貸料しか受け取らないことにより、納税者の所得税負担を不当に減少させる結果になっているとして、課税庁が、所得税法第157条《同族会社等の行為又は計算の否認等》を適用し、当該不動産管理会社に対する適正な管理料につき、不動産管理会社と同族関係にない比準同業者の管理料によって納税者の不動産所得を計算したことに違法はないとされた事例

　また、不動産管理費以外の必要経費について、同条の適用が争われた有名な事例として、司法書士が同族会社に支払った業務委託手数料に関する事例があります。

3 同族会社へ支払う不動産管理費

事例	主な判旨
広島高裁・平成17年5月27日判決 （TAINS　Z255-10040参照） ※　上告審は原判決の一部破棄差し戻し、その余の上告棄却 （最高裁・平成16年11月26日判決（TAINS　Z254-9836参照））	(1)　課税庁が所得税法第157条《同族会社等の行為又は計算の否認等》を適用するにあたり採用した比準会社は、いずれも主にオフィス業務に係る労働者を契約先企業等に派遣して収入を得ている人材派遣会社であり、労働者の給与以外の費用は限定されているが、納税者が妻と全額出資して設立した同族会社の業務内容は、司法書士である納税者の業務の委託であって、従業員の給与、管理費以外の必要経費を負担しているから、比準会社と当該同族会社には個別条件の相違を超えた違いがあり、また、比準会社は、相当程度の規模の人材派遣会社であり、当該同族会社とは、事業規模においてもかなりの差異が認められ、その経費率においても異なっているものと認められるから、比準会社は、いずれも事業内容および事業規模等において相当な類似性を備えているとは認められず、したがって、比準会社としての基礎的要件に欠けるものから算定した本件人件費倍率は合理性が認められないとされた事例 (2)　所得税法第157条《同族会社等の行為又は計算の否認等》の適用に当たっては、株主等の所得税の負担を不当に減少させる結果となることが要件とされているが、本件の場合、不当に減少させる結果となるかどうかの基準とした同業者比準には、合理性が認められないから、これによって受託手数料が納税者の所得税の負担を不当に減少させるとした更正処分は、法令の適用を誤ったものであって、違法であるとされた事例

第2章　家事関連費と必要経費の区分

4 減価償却費

(1) 科目の論点
① 減価償却費の概要

　減価償却資産とは、店舗用の建物のような業務のために用いられる建物、建物附属設備、機械装置、器具備品、車両運搬具等、時の経過等によってその価値が減少していく資産をいいます。こうした減価償却資産の価値の減少は、納税者が営む業務から得られる将来の収入金額の稼得に貢献するものです。したがって、投資額の総体としての取得価額は支出時の費用とせず、使用可能期間（耐用年数）にわたって償却費として各年分の必要経費に配分し、減価償却資産の価値の減少を適切に表現する手続が減価償却です。

　所得税法では、減価償却資産の償却費として必要経費に算入されるべき金額は、各減価償却資産について定められた償却方法により計上することになります（所法49、所令120、120の2、131）。

② 法人税法との異同点

　法人税法では、償却費として損金の額に算入される金額は、損金経理された金額のうち償却限度額までの金額であり任意償却ですが、所得税法では強制償却であり、毎年償却が強制されます。また、法人税法上の法定償却方法は定率法（建物、建物附属設備及び構築物を除く。）ですが、所得税法上の法定償却方法は定額法です（所令125）。

③ 少額減価償却資産の必要経費算入

　居住者の不動産所得、事業所得、山林所得または雑所得を生ずべき業務の用に供した減価償却資産で使用可能期間が1年未満または取得価額が10万円未満のものは、その取得価額に相当する金額を必要経費に算入することになります（所令138）。

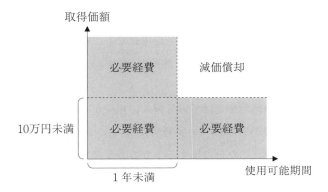

④　一括償却資産の必要経費算入

　個人の不動産所得、事業所得、山林所得または雑所得を生ずべき業務の用に供した減価償却資産で、取得価額が20万円未満であるもの（少額減価償却資産およびリース資産を除く。）については、選択により、その減価償却資産の全部または特定の一部を一括して（一括償却資産）、取得の日以後3年間の各年の費用の額とすることができます（所令139①）。なお、この特例の適用にあたっては、一括償却資産を業務の用に供した年分の確定した申告書に一括償却対象額を記載した書類を添付して、かつ、保存していること、および、その償却費を必要経費に算入した年分の確定申告書にその計算の明細書を添付する必要があります。

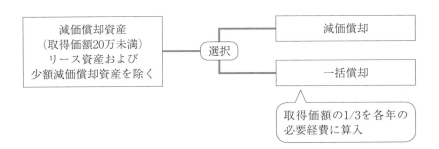

第2章　家事関連費と必要経費の区分

　なお、業務の用に供した日以後3年間の各年に一括償却資産の全部または一部につき譲渡、滅失、除却等があった場合でも、その各年において必要経費に算入する金額は、取得価額の合計額の3分の1となります（所基通49－40の2）。

　また、一括償却の適用を受けている個人に相続があった場合に、死亡した日の属する年分以後の各年分の必要経費に算入すべき金額がある場合には、その金額は、その死亡した日の属する年分の必要経費に算入します。

　ただし、死亡した日の属する年分以後の各年分において必要経費に算入されるべき金額があり、かつ、その個人の業務を承継する者がある場合には、償却費として計算される金額を限度として、次によることができます（所基通49－40の3）。

　一　個人の死亡した日の属する年
　　その個人の属する年分の必要経費に算入する。
　二　個人の死亡した日の属する年の翌年以後の各年分
　　その業務を承継した者の必要経費に算入する。

⑤　中小事業者の少額減価償却資産

　常時使用する従業員の数が1,000人以下の個人である青色申告者が、平成18年4月1日から平成30年3月31日までの間に、取得価額が10万円以上30万円未満の減価償却資産の取得等をし、不動産所得、事業所得または山林所得を生ずべき業務の用に供した場合には、その業務の用に供した年にその取得価額の全額（少額減価償却資産の取得価額の合計額300万円まで）を必要経費に算入することができます。

　この適用を受ける場合には、確定申告書に少額減価償却資産の取得価額に関する明細を添付する必要があります（措法28の2）が、青色申告決算書に租税特別措置法第28条の2第1項の規定を適用を受ける旨および適用した少額減価償却資産の取得価額の合計額を記載し、その明細を別途保管している場合には、明細の添付を省略することができます。

4 減価償却費

(2) ケーススタディ

> **QA4-1** 少額減価償却資産と一括償却資産の判断

Q 私は、デザイン業（青色申告）を営んでいます（従業員はいません）。私の当年分の事業所得の確定申告にあたり、事業用で購入したパソコンについての処理を検討していますが、どのように判断したらいいでしょうか。なお、パソコンの購入価額は18万円（税込）で、当年中に少額減価償却資産として処理した資産の総額は300万円未満です。

A 償却資産税への影響も考慮して検討してみてはいかがでしょうか。

解説

　ご質問のパソコンについては、購入価額の18万円を減価償却資産の取得価額とします。そして、処理の方法としては、次のいずれかの方法が選択できます。
① 減価償却資産として、耐用年数4年で減価償却を行う。
② 一括償却資産として、3年間で償却費を費用配分する。
③ 少額減価償却資産として、全額を必要経費に算入する。
　所得の状況を勘案して上記の処理方法のいずれかが考えられますが、①または③の処理を選択した場合には、償却資産税の申告の対象にもなりますので、その影響も考慮して検討してみてはいかがでしょうか。

> **QA4-2** 居住用不動産の減価償却費

Q 私は、保険代理店業（青色申告）を営んでいますが、賃借している事務所のほかに、自宅の一室で経理等の作業をすることもあります。私の事業所得の金額の計算上、自宅の一室相当の減価償却

費を計上しても問題ないでしょうか。

　あなたの事業所得との直接の関連性と必要経費としての明確な区分が認められなければ、必要経費に算入することはできません。

|解説|

　所得税法第45条および同施行令第96条からは、必要経費に算入できる家事関連費は業務に直接必要であると認められ、明確に区分されるものに限られます。

　事業活動の中でご自宅の一室を利用することもあるとのことですが、この部分の減価償却費を必要経費に算入するにあたっては、床面積割合等で該当部分を算出し、事業活動での活用頻度等を勘案した割合で計算することが考えられます。

　しかしながら、その一室が事務所部分として明確な区分がされておらず、単に自宅で作業を行っている程度である場合には、必要経費に算入することは難しいと思われます。

QA4-3　親族が所有する不動産を事業の用に供した場合

　私は父が取得した建物（区分所有家屋）で撮影スタジオを始めました。父と私は生計を一にしています。

　父は、マンションの取得費のほかに、事業が軌道にのるまでという条件で管理費や光熱費、固定資産税等を負担してくれていますが、これらの支出は私の事業所得の申告上、どのように取り扱われるのでしょうか。

　あなたの事業所得の申告上、これらの支出を必要経費に算入します。

4 減価償却費

> **解説**
>
> 　生計一親族間での対価の収受があった場合でも、その収受関係はなかったものとされ、それぞれの所得計算に反映されないことになります（所法56）。
>
> 　しかし、生計一親族の資産を無償で事業の用に供している場合、その生計一親族が負担した金額は必要経費に算入することになります（所基通56−1）。
>
> 　したがって、あなたのお父様が負担した管理費や光熱費、固定資産税等はあなたの事業所得の必要経費に算入することになります。また、お父様が建物の取得に要した費用についても、減価償却費としてあなたの事業所得の金額の計算上、必要経費に算入します。

(3) 裁決・判決例の傾向

> **裁決・判決例 4-1　診療所建物と廊下でつながっている住宅に係る費用**
> （高松地裁・平成24年8月8日判決　TAINS　Z262-12019参照）
>
> ① 事案の概要
>
> 　開業医である原告納税者Xが、その建築した診療所建物および住宅について、住宅に係る費用を事業所得の金額の計算上必要経費に算入したところ、被告税務署長Yがこれを認めず更正処分を行ったため、その取り消しを求めた事案です。
>
> 　原告納税者Xは、平成19年10月頃に、自身の所有する土地の上に診療所建物（以下「本件診療所建物」という。）を建築し、同年11月から診療を開始しました。また、その土地の上に住宅二棟（一棟は原告納税者Xおよびその妻、もう一棟は原告の次男の住居。以下「本件住宅」という。）を併設し、本件住宅に係る費用を事業所得の金額の計算上必要経費に算入していました。

第2章　家事関連費と必要経費の区分

　原告納税者Xは、本件住宅は、24時間体制で患者に対応するための医師の宿直室・待機場所であること、診療所では時間外診療にも対応していること、本件住宅は、独立した建物ではなく、本件診療所建物と廊下でつながっており一体の構造になっていること、本件住宅に居住しているのは、原告、その妻および次男であるがそれぞれ医師免許を持っており、本件診療所建物および本件住宅において、診療業務に従事していることを主張しました。

② 　判決の内容

　判決では、まず、所得税法第37条第1項について、必要経費として控除されるために「それが事業活動と直接の関連をもち、事業の遂行上必要な経費でなければならず、必要性の認定は、関係者の主観的判断を基準としてではなく客観的基準に即してなされなければならない」との一般的な解釈を示しました。

　そして、原告納税者Xが救急車等の受入をしておらず、救急対応はしていないという事実認定から、医師の宿直室・待機場所であるとの主張は採用しませんでした。また、本件住宅を住居部分と事業用部分に区分することはできないという原告の供述から、本件住宅は、原告夫婦および次男の生活の本拠として利用されており、仮に本件住宅で会計帳簿等の作成や整理が行われることがあるとしても、「本件住宅に係る費用が、全体として原告の診療所の経営という事業活動と直接の関連があり、事業の遂行上必要な費用であるとは客観的に認めることはできない」として、本件住宅に係る経費を所得税法第45条または同施行令第96条に定められた経費に該当するといわざるを得ず、事業所得の金額の計算上必要経費に算入することはできないと判示しました。

　本判決の控訴審（高松高裁・平成25年1月25日判決（TAINS　Z263-12141））および上告審（最高裁・平成25年7月25日判決（TAINS　Z263-12253））はいずれも棄却されています。

4　減価償却費

③　実務上の留意点

本判決では、原告納税者Xは、本件住宅の事業用としての利用を主張するものの、実際には本件住宅を事業用部分と住居用部分に分けることはできないと供述しており、事業としての使用状況について明確な主張を展開することができませんでした。

所得税法施行令第96条では、家事関連費について、事業との直接の関連性と、必要経費となる部分についての明確な区分が要請されていることからすると、本判決は支持されるものといえます。

結果として、本件住宅に係る減価償却費は否認されました。なお、更正処分では、本件診療所以前に使用していた旧診療所は、平成19年10月頃まで使用され、その後は事業の用に供されていなかったことから、平成19年11月以降の旧診療所建物に係る固定資産税等も家事費として必要経費から除外されています。

事業所と兼用の住宅に係る経費を必要経費に算入するには、家事費・家事関連費について明確な区分と事業所得等との直接の関連性が求められることが端的に示された判決例であるといえます。

裁決・判決例 4-2　複数車両の必要性について争われた事例
（東京地裁・平成22年10月20日判決　TAINS　Z260-11536参照）

①　事案の概要

弁護士業を営む原告納税者X（住所は千葉県柏市にあり、その営む法律事務所は、東京都港区に所在。）は、その業務を行うにあたり、常に複数台の車両を所有しており、これらの車両に係る費用（減価償却費、保険料、自動車税）を事業所得の金額の計算上、必要経費に算入していました。なお、車両の減価償却費については50％の割合で計上していました。

被告税務署長Yは、原告納税者Xの平成14年分ないし平成16年分における所得税の申告について、原告の営む業務において、必要な車両は1

台のみであるとの認定のもと、これらの経費を否認し、更正処分を行ったところ、原告納税者Ｘは、これを不服として本件各処分の取消訴訟に及びました。

なお、本判決では、ここで取り上げる複数車両の必要性についての争点のほかにも、配偶者が青色事業専従者に該当するか否かについても争われています。

② 判決の内容

原告納税者Ｘは、「ある仕事をするのに乗用車を使用した方が便利であると一般的に認められさえすれば、減価償却費等の金額を必要経費に算入することを認めているのが、現在の税務慣行ないし税務実務である。」と主張し、その事業割合を50％としたのは、「実態としてほぼ100％である必要経費部分について、保守的に50％」としたものと主張していました。

これに対し、本判決では、所得税法の家事費および家事関連費の規定の趣旨について、以下のように述べ原告の主張には合理的根拠がないとしました。

■**本判決による家事費・家事関連費の規定の趣旨の解釈**

> 一般に、個人は、もっぱら利潤追求のための事業活動を目的として消費生活を持たない法人とは異なる、生産活動（所得稼得行為）の主体であると同時に、消費経済の主体であり、その支出は所得稼得に関連した「必要経費」の性質をもつものがある一方で消費支出（「家事費」の支出）の性格を有するものもあるため、法においては個人の所得の計算について「収入金額」から「必要経費」を控除する一方で、「家事費」「家事関連費」は「必要経費」に算入していないものと解される。そして、「家事費」については、所得の処分と考えられることから、必要経費に算入される例外は定められていな

いが、「家事関連費」については、必要経費の要素も混在するといえるから、所得税法施行令第96条において必要経費として算入することができる場合について定められており、家事関連費が業務の遂行上必要であることが明らかにできる一定の部分に限ってこれを必要経費にすることができるとされている（所令96）。このような法令の趣旨に照らせば、家事関連費にあたる場合、単に当該費用が事業と何ら関連があるというだけでは足りず、それが業務の遂行上必要であることが要件となると解される。

　上記の解釈に基づき、本判決は認定した事実のあてはめを行っています。認定された事実では、原告納税者Xが使用していた複数車両のうち、1台は自宅とその最寄り駅との通勤の往復で利用されており、原告のほか、原告の家族らが旅行や買い物で使用することもあることから、事業用の割合がどの程度を占めるものかは判然としないとされました。
　そして、「車両が弁護士業務の遂行上必要であることが認められるとしても、通常、弁護士業務において、通例複数台の車両が必要であるとは認めることは困難であり、またその車両が事務所ではなく本件自宅に経常的に配置されている場合には（特に複数台の車両が本件自宅に配置されている場合）、なおさらその車両が事業の遂行上必要であるとは認めることは困難といえる」と判示し、業務用車両が自宅に複数台配置されるべき必要性について、検討を行っています。
　結果として、原告納税者Xが営む弁護士業において、複数台の車両は必要ないとの認定のもと、これらの車両を家事関連費と認定し、業務との直接関連性とその明確な区分という必要経費算入の要件を満たしていないことから、被告税務署長Yの更正処分を適法と認めました。
　なお、原告納税者Xは、控訴審においても複数台の車両の必要性を主張しましたが、認められずに結審しています（東京高裁・平成22年10月20

日判決(TAINS　Z260-11389参照))
③　実務上の留意点

　本判決では、認定した事実について、家事費・家事関連費に関する法令の規定の解釈(趣旨)を示しあてはめを行っています。

　本判決の場合、原告納税者Xが所有していた複数台の車両のうち、自宅とその最寄駅の通勤や親族らのプライベートで利用されていた車両に係る経費は、家事関連費であり、その使用割合が判然としないことから、必要経費算入の要件を満たしていないと判断されました。

　原告納税者Xはこれらの車両に係る減価償却費を50%として計上するなど、家事関連費としての処理に多少の配慮があったものと推察されますが、その割合には具体的な根拠が欠けていたものと思われます。

　このようなケースでの事業割合の算定には非常に難しい側面がありますが、あいまいな事業割合は家事関連費の必要経費算入要件を充足させない可能性があることに十分な注意が必要です。

5　租税公課

(1)　科目の論点

　一般的に必要経費に算入される租税公課として処理される支出には、不動産取得税、登録免許税、固定資産税等、事業税や自動車税等が挙げられます。消費活動の主体としても観念される個人の支出には、家事費・家事関連費と整理される支出がすべからく存在し、租税公課であっても例外ではありません。

　家事関連費とされる租税公課の支出には他の科目と同様に、業務との直接の関連性と必要経費としての明確性を十分に検討する必要があります。

① 　必要経費に係る租税公課の取扱い

5 租税公課

一 必要経費に算入できない租税公課

所得税法第45条第2項ないし第5項により、次の**参考**に掲げる租税や加算金は必要経費に算入することはできません。

> **参考**
>
> (イ) 所得税（一定の利子税を除く）（所法45②）
> (ロ) 所得税以外の国税に係る延滞税、過少申告加算税、無申告加算税、不納付加算税および重加算税並びに印紙税法の規定による過怠税（所法45③）
> (ハ) 地方税法の規定による道府県民税および市町村民税（都民税および特別区民税を含む。）（所法45④）。
> (ニ) 地方税法の規定による延滞金、過少申告加算金、不申告加算金および重加算金（所法45⑤）

二 必要経費に算入する租税公課

業務の用に供される資産（相続、遺贈または贈与により取得した資産を含むものとする。）に係る固定資産税、登録免許税（登録に要する費用を含み、その資産の取得価額に算入されるもの（所基通49-3）を除く。）不動産取得税、事業所税、自動車取得税等は、その所得に係る各種所得の金額の計算上、必要経費に算入します（所基通37-5）。

② 必要経費への算入時期

必要経費に算入できる費用は債務の確定しているものに限られ、債務確定の判定はその年12月31日（年の中途において死亡し、または出国をした場合には、その死亡又は出国の時。）までに、その費用に係る債務が成立していること、その債務に基づいて具体的な給付をすべき原因となる事実が発生していること、その金額を合理的に算定することができるものであることとされています（所基通37-1、2）。

したがって、その年分の必要経費に算入する租税についても、その年12月31日までに申告等により納付べきことが具体的に確定したものが原則となります。

ただし、次に掲げる租税公課については、それぞれに掲げる区分により取り扱われます（所基通37－6）。

租税公課	必要経費への算入時期
製造場から移出された物品に係る酒税等でその年12月31日までに申告等があったもののうち、同日までに販売されていない物品に係る税額	当該物品が販売された日の属する年分の必要経費に算入する。
その年分の総収入金額に算入された酒税等のうち、その年12月31日までに申告期限が到来しない税額	当該税額として未払金に計上された金額のうち、その年分の確定申告期限までに申告等があった税額に相当する金額は、当該総収入金額に算入された年分の必要経費に算入することができる。
賦課税方式による租税のうち納期が分割して定められている税額	各納期の税額をそれぞれ納期の開始の日又は実際に納付した日の属する年分の必要経費に算入することができる。
利子税	納付の日の属する年分の必要経費に算入する。ただし、その年12月31日までの期間に対応する税額を未払金に計上した場合には、当該金額をその年分の必要経費に算入することができる。

③　事業廃止年分の事業税の取扱い

事業を廃止した年分の所得につき課税される事業税については、その事業税の課税見込額をその年分のその事業に係る所得の金額の計算上、必要経費に算入することができます。この場合、その課税見込額は次の算式で計算することになります（所基通37－7）。

5 租税公課

> 【算式】
>
> $$\frac{(A \pm B)R}{1+R}$$
>
> A……事業税の課税見込額を控除する前のその年分のその事業に係る所得の金額
> B……事業税の課税標準の計算上Aの金額に加算しまたは減算する金額
> R……事業税の税率

なお、事業を廃止した年分の所得について課税される事業税について、課税見込額の控除を行わない場合には、その賦課決定があった時において、所得税法第63条の規定の適用により更正の請求をすることができます（所法152）。

> **参考**
>
> **所得税法第63条《事業を廃止した場合の必要経費の特例》**
>
> 　居住者が不動産所得、事業所得又は山林所得を生ずべき事業を廃止した後において、当該事業に係る費用又は損失で当該事業を廃止しなかったとしたならばその者のその年分以後の各年分の不動産所得の金額、事業所得の金額又は山林所得の金額の計算上必要経費に算入されるべき金額が生じた場合には、当該金額は、政令で定めるところにより、その者のその廃止した日の属する年分（同日の属する年においてこれらの所得に係る総収入金額がなかった場合には、当該総収入金額があった最近の年分）又はその前年分の不動産所得の金額、事業所得の金額又は山林所得の金額の計算上、必要経費に算入する。

④　相続等により承継した資産に係る固定資産税等の取扱い

前述の所得税基本通達37－6(3)では、賦課課税方式の租税に係る必要経費

第2章　家事関連費と 必要経費の区分

算入時期の取扱いを示しています。したがって、固定資産税等については、納税通知書が交付された日、分割して納期が定められている場合のそれぞれの納期の開始の日、または、実際に納付された日のいずれかが必要経費への算入時期となります。

　この場合、これらの租税の納税義務者（被相続人）に相続があった場合の取扱いはそれぞれ次のようになると考えられます。

被相続人の死亡前に納税通知書が交付されている場合	被相続人が生前に全額を納付している場合	その納付した全額を被相続人の準確定申告において必要経費に算入する。
	被相続人が生前に一部を納付している場合	その納付した一部を被相続人の準確定申告において必要経費に算入し、それ以外の金額を業務を承継した相続人の必要経費に算入する。
	被相続人が納付していない場合	次のいずれかによる。 ①　全額を被相続人の必要経費に算入する。 ②　相続の開始の日までに納期の開始の日が到来したものは被相続人の必要経費に算入し、それ以外のものは、業務を承継した相続人の必要経費に算入する。 ③　全額を業務を承継した相続人の必要経費に算入する。
被相続人の死亡後に納税通知書が交付された場合		その業務を承継した相続人の所得計算において、所得税基本通達37－6により、承継した業務に係る必要経費に算入する。

　固定資産税等のほか、事業税についても同様の取扱いになるものと考えられます。

　なお、被相続人の遺産の分割が確定するまでは、それぞれの法定相続人が法定相続分に基づいて所得計算を行いますので、それぞれの法定相続人にお

いて、これらの判断をすることになります。
⑤　消費税等の取扱い
　業務を営む個人が消費税等の納税義務者で税込方式で経理処理をしている場合には、納付すべき消費税等の必要経費の算入時期はそれぞれ次によります。
一　消費税等の納税申告書に記載された税額……納税申告書が提出された日
二　更正または決定に係る税額……更正または決定があった日
　ただし、消費税の納税義務者である個人事業者が、申告期限が未到来の納税申告書に記載すべき消費税等の額を未払計上した場合には、その金額は、その未払計上した年の事業所得等の金額の計算上、必要経費に算入することができます。還付を受ける消費税額を未収計上した場合についての、総収入金額に係る取扱いも同様です。
　また、譲渡所得の基因となる資産の譲渡で消費税が課されるものがある場合には、その資産の譲渡をその資産をその用に供していた事業所得等を生ずべき業務に係る取引に含めて、これらの所得の必要経費に算入されることになります。したがって、譲渡所得に係る消費税額等は譲渡所得の譲渡経費には算入されません。
　また、個人事業者が死亡した場合の消費税等の必要経費算入時期については、その業務を承継する相続人の有無に応じて、上記一もしくは二、または、未払計上等の経理処理状況や所得税法第63条の適用等により判断することになります（国税庁HP「消費税法等の施行に伴う所得税の取扱いについて」（平元直所3－8（例規））を参考）。

(2) ケーススタディ

QA5-1　賃貸不動産に附属したセミナールームに係る費用

Q　私は不動産賃貸業を営んでいますが、所有する収益不動産（建物）について、セミナールームを有する建物があります。このセミナールームは、入居者や近隣の利便性を考慮した多目的スペースとして、例えば塾やセミナー等に活用されることを見込んで設けたものです。この建物の建築当初は近隣の不動産業者の新人研修などで利用され、使用料をいただくことはあったのですが、近年はそういった需要もなく、私が不動産業者や銀行関係者、税理士等と打ち合わせをする程度となっていますが、このセミナールームに係る固定資産税等は必要経費とすることで問題ないでしょうか。

A　ご質問のセミナールームから生じる収入がないことからも、必要経費に算入することは難しいと考えます。

解説

　所得税法第37条第1項の規定からは、不動産所得等の必要経費に算入する金額は、その業務から生じる収入との関連性が必要であると解されます。

　また、セミナールームの設置には入居者の利便性を考慮したとありますが、事実として入居者による利用がされているのか、その頻度がどの程度あるのかといったことを総合的に考慮する必要があると考えます。

　さらには、あなた自身の打ち合わせの場として、不動産業者のほかにも、銀行関係者や税理士等といった様々な者の応対に活用されていることから、このセミナールームに関連する支出は家事関連費に該当するものと考えられますので、業務の遂行上、直接必要であり、その必要な部分を明確に区分できない場合には、これを必要経費に算入することは難しいものと考えられます。

なお、固定資産税等のほかに、光熱費や減価償却費相当額についても同様です。

(3) 裁決・判決例の傾向

裁決・判決例 5-1 賃貸の用に供する目的で所有している土地の固定資産税について

（福岡地裁・平成26年4月22日判決　TAINS　Z264-12458参照）

① 事案の概要

本件は、原告納税者Xが、その所有する土地（本件土地）に係る固定資産税を各年分の不動産所得の金額の計算上、必要経費に算入して申告したところ、被告税務署長Yがこれを認めず更正処分を行ったため、その取消しをもとめた事案です。

原告納税者Xは、本件土地について、賃貸用の建物の建築をし、他者に貸付け賃貸収入を得ることを計画していました。また、平成20年頃に、土木建築業者に本件土地を無償で賃貸する代わりに、その整地を無償で行ってもらうなど、賃貸用建物の建築の準備をしていた旨を主張し、原告納税者Xの主観において、本件土地を貸付けの用に供する意図を有しており、また近い将来において貸付けの用に供される客観的な状況にあったことから、本件土地に係る固定資産税は、原告の事業用不動産に係る維持費として、必要経費に算入されるべきものであると主張を展開しました。

② 判決の内容

本判決では、所得税法第37条第1項の解釈について、「ある支出が法37条1項所定の必要経費として総収入金額から控除され得るためには、客観的にみてそれが業務と直接関係を持ち、かつ、業務の遂行上必要な支出であることを要し、それに該当するか否かの判断は、当該業務内容

等の個別具体的な諸事情に即し、社会通念に従って実質的に行われる必要がある。」と述べ、その判断は、「単に納税者の主観的判断のみでなく、客観的に通常必要な経費として認識できるものでなければならないことはいうまでもない。」と、一般的な解釈を示しました。

また、未利用となっている貸付用の土地について、固定資産税等がその年度における必要経費と認められるための基準として次のような解釈を示しています。

■本判決による未利用地に係る固定資産税等の必要経費算入の基準

> 個人の所有する土地には種々の利用方法があり、その利用方法等を後に変更することも可能であるから、現に貸付けの用に供されていない土地については、貸付けの用に供されるものであることが外形的、客観的に識別できるような場合に初めて、当該土地に係る固定資産税等は、不動産所得を生ずべき業務について生じた費用であると判定することが可能になると考えられる。
>
> したがって、個人で不動産賃貸業を営む者の所有する土地であって、当該年度においては未だ貸付けの用に供されていなかったものについて、固定資産税等がその年度における不動産所得を生ずべき業務について生じた費用として認められるためには、その者が当該土地を貸付けの用に供するとの客観的な意図を有していたというだけでは足りず、当該土地が、その形状、種類、性質その他の状況からして近い将来において貸付けの用に供されるものと考えられるような客観的な事情が存することが必要であるというべきである。

そして、このような判断基準から、本件土地が土木建築業者に対し無償で賃貸され、対価として無償で整地を受けたとする原告納税者Ｘの主

張については、そのような態様の土地の賃借は異質であり、通常の賃料収受を目的とする土地の賃貸借とは異なるため、本件土地が貸付の用に供されていたと評価することは難しいとしました。また、本件土地が平成22年頃の時点では、雑草が生えた空き地であり、売却や賃貸に関する看板も立っていないことなどから、「その形状、種類、性質その他の状況から、近い将来において貸付の用に供されるものと考えられるような客観的な事情が存したとは到底認められない。」として、本件土地に係る固定資産税の必要経費該当性を否認しました。

③ 実務上の留意点

所得税法第37条第1項は、収入金額との関連性を有するものを必要経費として算入することを要請しているものと解されます。したがって、個人事業者が所有する未利用の不動産に係る経費は、原則として、個人事業者の事業所得等の金額の計算上、必要経費に算入することはできないと解され、家事上の経費（所法45）として処理することになります。

本判決は、将来的に収入を稼得する計画があるものの、未だ未利用の状況にある土地に係る固定資産税の必要経費該当性が争われました。

そして、判決では、将来的な貸付けの計画があったという主観的な意思と、一時的に特殊な形で賃貸借が行われた事実を根拠とする原告納税者Xの主張を受け入れずに、将来的に貸付けの用に供されると見込まれることが外部からも客観的にうかがえる状況にあることが必要であると判示し、被告税務署長Yの更正処分を支持しました。なお、本判決は控訴されています。

本判決のいう「近い将来において貸付の用に供されるものと考えられるような客観的な事情が存すること」という状況は、具体的にどのような状況を指すのかは明らかではありませんが、例えば不動産所得であれば、既に賃借人が決まっており、賃貸借契約が締結される状態にあるといった、ある程度短期間のうちに収入を得られる状態になっているよう

な状況にあることが必要であると考えられます。

　また、アパートなどの賃貸用不動産で、長期間入居者が決まらないような部屋に対応する部分の固定資産税相当額の経費などについても注意が必要であると考えられます。随時、入居者を募集しているなどの事実があったとしても、所得税法第37条第１項の解釈や、本判決の判断基準に照らした場合に、これが必要経費として認められないことも十分に考えられるものと思われます。

　なお、本判決の先例的な事案として、東京高裁・平成５年12月13日判決（TAINS　Z199-7242参照）があります。また、同じく遊休地に係る固定資産税等の必要経費算入について争われた事案として名古屋高裁・平成20年９月29日判決（TAINS　Z258-11040参照）があり、いずれも本判決と同様の基準のもとでの判断が示されています。

6　貸倒損失

(1) 科目の論点

　所得税法上、業務の遂行上生じた債権の貸倒れによる損失の金額の取扱いは、法人税法の場合より複雑な扱いとなります。それは、所得を10種類に区分し、それぞれの担税力に応じた所得計算を行う所得税法の考え方や個人の消費活動という観点から設けられている家事費・家事関連費の規定（所法45、所令96）の存在が大きく関係するものと考えられます。

　所得税法における貸倒損失の取扱いを整理すると次表のようになります。

■所得税法における貸倒損失の扱い

区分			例	生じた損失の取扱い	所得の損失の取扱い
貸倒損失	業務の遂行上生じた貸倒れ	業務用資産の貸倒れ	業務に関連する貸付金の元本など	不動産所得または雑所得の金額の計算上、必要経費に算入する（所法51④）。	他の所得から差し引くことはできない。
		既に収入金額に算入したものの貸倒れ	未収利息、未収賃貸料など	収入金額に計上した年分に遡及して、その収入がなかったものとみなす（所法64①、所令180②）。	更正の請求
	事業の遂行上生じた貸倒れ		売掛金、貸付金、前渡し金その他これらに準ずる債権	不動産所得（事業的規模）、事業所得および山林所得のそれぞれの所得の金額のその損失の生じた日の属する年分の必要経費に算入する（所法51②、所令141）。	損益通算

※　関連通達　所基通51-11、12、13

① 業務が事業的規模以外で行われている場合

　個人の事業以外の業務に係る雑所得や事業的規模でない不動産所得の金額の計算の基礎となる収入金額の全部または一部を回収することができないこととなった場合、その所得の金額の合計額のうち、その回収することができないこととなった金額に対応する部分の金額は、なかったものとみなされることになります（所法64①、所令180）。

　また、業務の遂行上生じた売掛金や貸付金等の貸倒れによる損失の金額は、その雑所得または不動産所得の金額を限度として必要経費に算入されます（所法51④）。

② 業務が事業的規模で行われている場合

　個人が営む業務が事業的規模で行われている場合、その事業の遂行上生じ

た売掛金、貸付金等の貸倒れによる損失の金額は、その者のその年分の事業所得等の計算上、必要経費に算入することになります。

事業の遂行上生じた売掛金、貸付金等に準ずる債権とは、所得税基本通達51－10で次のように示されています。

> **参考**
>
> **所得税基本通達51－10《事業の遂行上生じた売掛金、貸付金等に準ずる債権》**
>
> 　第51条第2項に規定する「事業の遂行上生じた売掛金、貸付金、前渡金その他これらに準ずる債権」(以下51－12までにおいて「貸金等」という。)には、販売業者の売掛金、金融業者の貸付金及びその未収利子、製造業者の下請業者に対して有する前渡金、工事請負業者の工事未収金、自由職業者の役務の提供の対価に係る未収金、不動産貸付業者の未収賃貸料、山林経営業者の山林売却代金の未収金等のほか、次に掲げるようなものも含まれる。
>
> (1)　自己の事業の用に供する資金の融資を受ける手段として他から受取手形を取得し、その見合いとして借入金を計上し、又は支払手形を振り出している場合のその受取手形に係る債権
> (2)　自己の製品の販売強化、企業合理化等のため、特約店、下請先等に貸し付けている貸付金
> (3)　事業上の取引のため、又は事業の用に供する建物等の賃借りのために差し入れた保証金、敷金、預け金等の債権
> (4)　使用人に対する貸付金又は前払給料、概算払旅費等

また、所得税基本通達51－11ないし13において、貸倒れの判定基準が示されています。

> **参考**
>
> **所得税基本通達51-11《貸金等の全部又は一部の切捨てをした場合の貸倒れ》**
>
> 　貸金等について次に掲げる事実が発生した場合には、その貸金等の額のうちそれぞれ次に掲げる金額は、その事実の発生した日の属する年分の当該貸金等に係る事業の所得の金額の計算上必要経費に算入する。
>
> (1) 更生計画認可の決定又は再生計画認可の決定があったこと。
>
> 　これらの決定により切り捨てられることとなった部分の金額
>
> (2) 特別清算に係る協定の認可の決定があったこと。
>
> 　この決定により切り捨てられることとなった部分の金額
>
> (3) 法令の規定による整理手続によらない関係者の協議決定で、次に掲げるものにより切り捨てられたこと。
>
> 　その切り捨てられることとなった部分の金額
>
> 　イ　債権者集会の協議決定で合理的な基準により債務者の負債整理を定めているもの
>
> 　ロ　行政機関又は金融機関その他の第三者のあっせんによる当事者間の協議により締結された契約でその内容がイに準ずるもの
>
> (4) 債務者の債務超過の状態が相当期間継続し、その貸金等の弁済を受けることができないと認められる場合において、その債務者に対し債務免除額を書面により通知したこと。
>
> 　その通知した債務免除額

> **参考**
>
> **所得税基本通達51－12《回収不能の貸金等の貸倒れ》**
>
> 　貸金等につき、その債務者の資産状況、支払能力等からみてその全額が回収できないことが明らかになった場合には、当該債務者に対して有する貸金等の全額について貸倒れになったものとしてその明らかになった日の属する年分の当該貸金等に係る事業の所得の金額の計算上必要経費に算入する。この場合において、当該貸金等について担保物があるときは、その担保物を処分した後でなければ貸倒れとすることはできない。
> (注)　保証債務は、現実にこれを履行した後でなければ貸倒れの対象にすることはできないことに留意する。

> **参考**
>
> **所得税基本通達51－13《一定期間取引停止後弁済がない場合等の貸倒れ》**
>
> 　債務者について次に掲げる事実が発生した場合には、その債務者に対して有する売掛債権（売掛金、未収請負金その他これらに準ずる債権をいい、貸付金その他これに準ずる債権を含まない。以下この項において同じ。）の額から備忘価額を控除した残額を貸倒れになったものとして、当該売掛債権に係る事業の所得の金額の計算上必要経費に算入することができる。
> (1)　債務者との取引の停止をした時（最後の弁済期又は最後の弁済の時が当該停止をした時より後である場合には、これらのうち最も遅い時）以後1年以上を経過したこと（当該売掛債権について担保物のある場合を除く。）。
> (2)　同一地域の債務者について有する売掛債権の総額がその取立てのために要する旅費その他の費用に満たない場合において、当該債務者に対し支払を督促したにもかかわらず弁済がないこと。
> (注)　(1)の取引の停止は、継続的な取引を行っていた債務者につきその資産

状況、支払能力等が悪化したため、その後の取引を停止するに至った場合をいうのであるから、例えば、不動産取引のようにたまたま取引を行った債務者に対して有する当該取引に係る売掛債権については、その取扱いの適用はない。

(2) ケーススタディ

QA6-1 同族会社に対する債権放棄

Q 私は、長男が100％株式を保有し、経営する同族会社に2,000万円の貸付債権があります。近年の景気の低迷から会社の資金繰りが悪化したため、5年前に長男に頼まれて貸し付けたものです。この貸付けは、当初年間2％の金利で長男の会社と金銭消費貸借契約を結んだものですが、結局元本の返済もままならず、そのまま現在に至っています。なお、年間40万円の利息相当額についても未収となっていますが、毎年、雑所得の収入金額として確定申告をしてきました。

その他、私の所有する不動産の一部を、その会社の事務所として月8万円の相場家賃で賃貸していました。これについても、毎年、家賃収入の申告はしてきましたが、実際には2年前から未収の状態です。

この度、私の相続のことも考え、この貸付金2,000万円と5年分の未収利息200万円、未収の賃貸料192万円について、それぞれ債権放棄をしようと考えています。その場合の課税関係について教えてください。

なお、私は不動産所得を有していますが、事業的規模ではありません。

A あなたの債権放棄による損失は、元本部分と利息部分に分けて取扱いが異なります。なお、債権放棄による他の課税関係についても注意が必要です。

解説

所得税法上、貸倒れによる損失が生じた場合には、その者の営む事業に係る所得から生じたものか、事業以外の所得から生じたものかにより取扱いが異なります。

(1) 貸付金の元本2,000万円について

債権放棄した年分の雑所得の金額の必要経費に算入することになりますが、貸倒損失を必要経費に算入する前の所得金額が限度となります。したがって、他に雑所得の金額がないものとした場合、その年の貸付金の利息収入相当（40万円）までが貸倒損失として必要経費に算入され、その余の損失金額については、切捨てとなり、他の所得と通算はできません。

(2) 未収利息200万円および未収家賃192万円について

未収利息および未収家賃については、その収入が生じた年分に遡及して、その収入がなかったものとしてみなされます（所法64①）。したがって、未収の貸付利息200万について5年分、未収家賃192万円について2年分の更正の請求をすることができます（所令180）。

(3) その他の課税関係

債務免除が行われた場合、長男が100％株式を保有する同族会社において債務免除益が計上されるものと考えられます。この場合、合計2,392万円の債務免除益が計上され、その結果、同族会社に法人税または長男への贈与税の課税関係が生じる可能性がありますので、十分に注意が必要です。

(3) 裁決・判決例の傾向

裁決・判決例 6-1 「事業の遂行上生じた貸付金」の該当性
(東京地裁・平成25年1月29日判決　TAINS　Z263-12142参照)

① 事案の概要

原告納税者Xが、A社に対して有する貸付債権合計6,500万円について、貸倒引当金繰入勘定に繰り入れて、平成18年分の不動産所得の金額の計算上、必要経費に算入したうえでの申告をし、さらに、これにより生じた純損失の繰越により平成19年分および平成20年分の所得税の申告をしたところ、被告税務署長Yにより、この貸付債権が事業の遂行上生じた貸付金とは認められないことから、更正処分を受けた事案です。

この貸付金は、原告納税者Xがパラオのリゾート開発を行う予定だったA社に貸し付けたものでした。

② 判決の内容

本事例は、所得税法第52条第2項の適用により、事業遂行上の貸付金の貸倒引当金繰入または貸倒損失の取扱いが争われた事案ですが、本判決では、判断を示すにあたり、本件の貸付金が「事業の遂行上生じた」ものと判断するために、次の基準を示しました。

■本判決による「事業遂行上生じた」貸付金の該当性の基準

> ここで、貸付金が「事業の遂行上生じた」として必要経費に該当するというためには、事業主が、事業に関連するもの、あるいは事業の遂行に資するものと主観的に判断して、その貸付けがされたというだけでは足りず、客観的にみて、それが当該事業と直接の関連を有し、かつ、業務の遂行上必要な貸付けであることを要し、この判断は、当該事業の業務内容等の個別具体的な諸事情に則して社会通念に従って行われるべきものである。

貸倒損失に関する本判決にでも、その必要経費算入にあたって、客観的・社会通念的な判断基準が要請されていることがうかがえます。

この判断基準に基づき、事実認定のあてはめが行われ、原告納税者Xが営んでいると主張するパラオのリゾート開発事業と本件の貸付金は直接の関係があるとは認め難いなどの理由から、業務の遂行上通常必要な貸付金であるとは認められませんでした。

またこの判決の控訴審（東京高裁・平成25年6月20日判決（TAINS　Z263-12236参照））でも、「リゾート開発を行う際に、協力する業者に対して貸付けを行うことがこの種事業にとって一般的な方法であるとか、貸付けをしなければ事業遂行上の支障が生ずるとは認められないので、直接の関連を有するとは言い難い上、本件借用証書及び承諾書には、貸付けがリゾート開発事業に協力する条件となっている旨の記載もないので、仮に控訴人が本件貸付を行わなかったとしても、リゾート開発事業に参加することができたと推認されることなどの諸事情に照らすと、本件各交付金は「事業の遂行上生じた」ものとは認められないというべき」と判示し、一審に続き、納税者の主張を退けています。

③　実務上の留意点

個人事業者の事業所得等の計算上、貸倒損失がその年分の必要経費に算入されるためには、所得税法第51条第2項にいう「事業の遂行上生じた」ものに該当するかどうかが問題となります。

本判決では、本件の貸付金は、原告納税者XがA社が行うパラオのリゾート開発事業に協力するために交付したものであり、原告納税者X自身の営む事業とは何ら関連性がないものとして必要経費への算入は認められませんでした。

控訴審判決では、事業遂行上の関連性について、より具体的な基準として、リゾート開発にあたってその貸付けを行うことが社会一般的であるとか、事業遂行上の支障が生じるといった観点を示していますが、そ

の前提として、そのような貸付けが事業的規模で行われることが必要であるものと解されます。

裁決・判決例 6-2　税理士の顧問先への貸付金
（千葉地裁・平成17年11月11日判決　TAINS　Z 256-10346参照）

① 事案の概要

　税理士業を営む原告納税者Xが、顧客等に対して行った金銭の貸付けおよび債務の保証（以下「本件貸付債権等」という。）につき、その貸付けに係る債権が貸倒れ、また、その保証に係る債務を履行したことによる求償権が行使できなくなったとして、これらの貸付金および求償金の額を、その事業所得の金額の計算上、必要経費に算入し、平成12年分および平成13年分の所得税の確定申告を行ったところ、被告税務署長Yがこれらの必要経費算入を認めず、各年分の所得税について更正処分等を行ったことから、原告納税者Xがその取り消しを求めた事案です。

　原告納税者Xは、本件貸付債権等は、開業当初の資金調達や事業計画との関連のなかで極めて重要なウェイトを占めていた者に対する貸付けであることや、当時は金融機関等の貸し渋りなどの影響を受けた顧客の資金需要に答えるため、従来の税理士業とは異なる経営全般に関するコンサルティング業の一環であったことなどを主張しました。また、こうした貸付け等が、税理士業務の範囲として客観的に妥当しないとしても、当時、推進していた医業経営コンサルト事業の一環としての必要経費としての妥当性を考慮すべきであるという主張も展開しています。

② 判決の内容

　本判決では、本件貸付債権等が、所得税法第51条第2項の適用により、事業所得等の必要経費に算入するには、本件の貸付け等の行為がそれぞれが独立して所得税法第27条第1項にいう「事業」と認められる必要があるとして、次のように「事業」の解釈を示しました。

■本事例による事業所得の「事業」の解釈

> 事業所得を生ずべき「事業」とは、対価を得て継続的に行う事業であり、金銭の貸付けや保証行為が法上の事業に該当するか否かは、社会通念に照らしてその営利性、継続性及び独立性の有無によって判断するのが相当である。

そして、本件貸付債権等は、いずれも利息や保証料等の約定を有していないことから、営利性を認めることはできず、不特定多数を相手にしたものでもないことなどから、「独立の事業として金銭の貸付けや債務保証を行っているとは認められない」と判示しました。

また、これらの貸付けが、原告納税者Xの行っている税理士業と直接密接関係をもち、かつ、業務遂行上通常必要であるということができるかについては、「その事業の業務内容と個別具体的な諸事情に則して社会通念に従って実質的行われるべきである」として、検討を行っています。

この点、原告納税者Xの行った貸付け等は、税理士法第2条に定められた税理士の業務の範囲内として、直接密接の関係を有するとはいえず、顧問契約書にもそのような内容は含まれていないことや不特定多数の者に対して貸付け等を行っていないことなどから、これらの貸付け等は、社会通念的にも、原告納税者Xの行う税理士業と直接関係をもち、業務遂行上必要なものであったとは認められないとしました。

さらに、原告納税者Xの主張に対しては、「単に、原告の税理士業の顧問先の維持拡大等に資するものであったからという理由のみで必要経費に算入できるものではなく、…原告の税理士業の遂行上通常必要とはいえない」として、採用しませんでした。

また、医業経営コンサルティング業の必要経費という主張に対しては、

「原告主張の医業経営コンサルティング事業は、原告が税理士事務所を開設するまでに中断しており、これによる収入もないのであるから、実態としては何ら営利性、継続性、独立性も認められない」として、その事業性を認めませんでした。

控訴審でも、原審判決が維持され結審しています（東京高裁・平成18年3月16日判決（TAINS　Z259-10346参照））。

③　実務上の留意点

本判決は、税理士業を営む原告納税者が行った顧客に対する貸付債権等の貸倒損失を、事業所得の必要経費とは認めなかった事案です。

判決では、まず、事業所得における「事業」の概念についての判断基準を示しました。その上で、社会通念上、税理士の行う業務の範囲は、税理士法第2条に定められた範囲とは異なるものであり、また、その貸付け行為自体が反復継続的に行われ、営利性等を有しているとは評価し難いことから、これを「事業」とは認めず、結果として必要経費への算入を認めませんでした。

控訴審では、税理士法に定める税理士の業務範囲と本件貸付行為との関係について、「仮に、実際の税理士業務の範囲が、通常の税務代理や税務相談にとどまることなく、顧客に対する経営コンサルティング的な要素等を含むようになってきているとしても、顧客の経営や運転資金の調達等についての助言、指導等を行うことは格別、これに伴って税理士自身が直接顧客に対して資金融通を行い、債務保証をするというようなことまでは、税理士業務に通常附随的に伴う業務であるとはいい難く、本件各損失額が、納税者の税理士業及びこれに附随して行われるコンサルティング業務の必要経費にあたるということもできない」と、より具体的に判示しています。

このように所得税法における「事業」の判断基準は、個々の事業活動においてそれぞれ判断されるべきものであり、個人の行う事業活動を総

体として判断するものではないという点は、所得税法の特徴的な思考であるといえ、注意を要する点でもあります。

7 諸会費

(1) 科目の論点

諸会費とは、業界団体、同業者団体に加入している様々な団体に支払う会費です。

弁護士の弁護士会会費等の士業の会費も含まれ、個人事業者は一般的なものとして商工会議所、自治会、法人会等の様々な会費が該当します。

諸会費は、直接事業に関係するものから、ゴルフクラブ、レジャークラブの会費など家事費に近いものまで範囲が広いため、必要経費として算入するにあたり、事業との関連性により判断を行います。

① 商工会議所等の会費

中小企業協同組合、商工会議所、医師会等の組合員または会員が法令または定款その他これに類するものの規定に基づき業務に関連して賦課される費用は、繰延資産に該当する部分の金額を除き、その支出の日の属する年分の当該業務に係る所得の金額の計算上必要経費に算入します（所基通37－9）。

② 青色申告会の会費

通達等の規定はありませんが、社会保険協会の会費や青色申告会の会費、あるいは医師、弁護士会の会費等は、必要経費として認められています。直接業務の用に供していると判断されているからです。

7 諸会費

(2) ケーススタディ

QA7-1 リゾートクラブ、ゴルフクラブの年会費

Q サービス業を営んでいるBは得意先の接待、情報交換の場として利用するため、リゾートクラブの会員権とゴルフ会員権を保有していますが、それぞれの年会費について必要経費に算入できますか。

A リゾートクラブの年会費、ゴルフクラブの年会費のいずれも必要経費として算入できないものと考えられます。

[解説]
　所得税法第37条の規定はある支出が必要経費として総収入金額から控除されるには、客観的にみて事業と直接関係があり、かつ業務の遂行上、通常必要な支出であることが要件とされています。得意先の接待や同業者等とゴルフをしてそれが情報交換の場であったとしても、それが直接事業に関係するとはいえず、また、リゾート会員権、ゴルフ会員権が事業用資産には該当しないため、必要経費に算入することができないものと考えられます。

[参考裁決]
　ゴルフ会員権の年会費　平成13年6月20日裁決

QA7-2 自動車のロードサービス等の年会費

Q 弁護士であるCは通勤等の業務用として使用していた自動車に対して、車が故障した際のロードサービスを受けるためのロードサービスの年会費を支払っています。
　なお、弁護士Cは、自動車を1台所有し、100％事業用資産として計上しています。

この場合、ロードサービスの年会費を必要経費に算入できますか。

　ロードサービスの年会費は、業務の遂行上必要であると認められるため、必要経費として算入できるものと考えます。

|解説|

　ロードサービス会社が提供するサービスは、会員が運転または同乗する車両に対して提供されるものであり、友人の車およびレンタカーなど自動車の所有者を問わないことからすると、家事関連費に該当するとも考えられます。

　しかしながら、弁護士Cは通勤等に使用している自動車を1台しか使用しておらず、その車に関する経費を100％事業用として計上していることから、家事関連費に該当しないと考えます。

　また、弁護士Cは、年会費を支払うことにより、通勤等に使用している車が道路において故障した際の応急措置または整備工場への牽引等のサービスを受けることができるため、業務の遂行上必要であると考えます。

|参考裁決|

　カーサービスの年会費　平成16年1月20日裁決

(3) 裁決・判決例の傾向

裁決・判決例 7-1　ロータリークラブの年会費

（平成26年3月6日裁決（棄却）　裁決事例集　参照）

① 事案の概要

　司法書士業を営むXが支出したロータリークラブの入会金および会費は、社会通念に照らして客観的にみれば、その活動は、司法書士の業務と直接関係するものということはできず、また、その活動が司法書士と

しての業務の遂行上必要なものということはできないため、事業所得の金額の計算上、必要経費に算入できないとされた事例です。

② 裁決の内容

所得税法第37条第1項に規定する「販売費、一般管理費その他これらの所得を生ずべき業務について生じた費用」とは、客観的にみてその費用が業務と直接関係し、かつ、業務の遂行上必要なものに限られます。

司法書士は、他人の依頼を受けて、登記または供託に関する手続について代理することなど司法書士法第3条第1項各号に規定する事務を行うことを業として、その対価として報酬を得ることで事業所得を得ています。

Xは「司法書士の職業は人とのつながりが特に重要であり、紹介により仕事を獲得することが多いことから営業活動の一環としてロータリークラブに入会したこと」を主張していますが、これに対して、処分庁は、「本件クラブは司法書士業を営む者が全て入会しなければならないものではなく、個人的な立場で入会する商工会議所の入会金および年会費については、所得税基本通達37-9《農業協同組合等の賦課金》の規定より認められている」と主張しています。

最終的に、本件クラブの会員として行った活動を社会通念に照らして客観的にみた場合に、業務と直接関係するものということはできず、また、例会や親睦会の活動が司法書士としての業務の遂行上必要なものではないため、必要経費に算入できないと判断されました。

③ 実務上の留意点

ロータリークラブ等の会費については、法人では、交際費等の経費として認められているため、個人事業者でも必要経費に算入できると考えられますが、法人は事業遂行または所得獲得のために行われる結果、その活動により生じた支出を損金として益金から控除することが認められています。個人は、事業遂行または所得の獲得活動の主体であると同時

に私的な消費活動の主体でもあり、その支出には消費支出（家事費の支出）の性質を持つものがあるため、家事費および家事関連費という概念がない法人の支出に関する取扱いとは異なるものと考えられます。

裁決・判決例 7-2　同窓会費、共済負担金、連盟会費
（平成13年3月30日裁決（棄却）　TAINS　J61-2-12参照）

① 事案の概要

歯科医業Xが支出した下記の同窓会費、共済負担金、連盟会費は業務の遂行上直接必要なものではなく、家事関連費であっても、業務の遂行上直接必要な部分を明らかにすることはできないから、これを必要経費の額に算入できないとされた事例です。

一　同窓会費
- K歯科大学同窓会およびL市地区の同窓会であるH会、M歯科大学校友会の会費
    開業歯科医師の業界情報収集の場として利用

二　共済負担金
- L市歯科医師会への福祉共済年度金、共済金および県福祉共済負担金並びに日本医師会への福祉共済負担金
    医師個人ではなく、歯科医業を営む上での扶助を図るための目的で加入

三　連盟会費
- N歯連盟会費、県歯連盟会費および日歯連盟会費
    業務に関する情報収集の場として利用

四　平成8年から平成10年までの合計で701,000円の会費を支払っている。

② 裁決の内容

一　同窓会費および交友会費

歯科医業Ｘが同窓会に参加することにより、「業界の情報収集、歯周病専門医としての広報活動ができることや、同僚医師から手術等の必要な患者の紹介を受けることもあるという」ことから、結果としてＸの歯科診療の業務に何らかの利益をもたらすであろうことはあり得るとしても、同窓会の活動目的からして、同窓生としての私的な立場で入会しているものと認めるのが相当であり、その会費について、その主たる部分が業務の遂行上必要であるともいえず、業務の遂行上直接必要な部分を明らかにすることもできないことから必要経費に算入できないと判断されました。

　また、校友会費は、Ｘの勤務医であるＲおよびＳが会員になっているＭ歯科大学校友会に対して支払われたものであり、Ｘの業務に直接関係して支出されたものと認めることはできないことから、必要経費に算入できないと判断されました。

二　共済負担金

　Ｘが審判所に提出したＱ県歯科医師会の福祉共済規則によると、「共済負担金は、福祉共済年金制度の趣旨に基づいて各医師会が徴収しているもので、医師個人の死亡時に支給される死亡給付金等の共済掛金的な性質の支出金である」ことが認められます。

　歯科医師会福祉共済の給付には、死亡共済金、火災共済金、災害共済金、全盲共済金および疾病共済金があり、診療所を指定物件としていることにより必要経費の額に算入することができる火災共済に係る共済負担金の額が含まれていることから、共済負担金の額は、これらの全給付を総合して決定され、必要経費の額に算入することができる火災共済に係る共済負担金の額と家事費と認められる死亡共済等に係る共済負担金の額とに明らかに区分することが難しく、仮に共済負担金を家事関連費であると認められたとしても、その主たる部分が業務の遂行上必要であるともいえないため、必要経費に算入することはで

きないと判断されました。
　三　連盟会費
　歯科医師政治連盟とは、歯科医師会からは独立した団体で、日本歯科医師政治連盟の規約およびこれに準じて作成されたＱ県歯科医師政治連盟規約に基づき、歯科医師の業権の確保とその発展を図るため、歯科医療に理解ある政党または公職の候補者に対し、政治的後援活動を行うことを目的とする政治団体です。

　連盟会費を支払うことにより、保険制度の改正等の情報の入手ができるとしても、その会費が所得を生ずべき業務の遂行上直接必要な経費とは認められず、仮に家事関連費であるとしても、その会費について、その主たる部分が業務の遂行上必要であるともいえないため、必要経費に算入できないと判断されました。

③　実務上の留意点

　同窓会の会費については、私的な立場で入会しているため、患者の紹介を受けたり情報収集の場として利用するという理由で、その活動が業務に直接関係すると説明するのは難しいと考えられます。

　また、政治連盟の会費については、弁護士政治連盟や、税理士政治連盟等のいわゆる士業が加入する会費についても同様に判断されています。

8　給料賃金・報酬等

(1)　科目の論点

① 　給料賃金

　給料賃金とは、従業員に対する給与と工場等の労働者に対する賃金手当をいい、給料、賃金、歳費、賞与の他これらの性質を有するものをいいます。

通常は金銭で支給されるのが普通ですが、食事の現物支給や商品の値引販売などのように、次に掲げるような物または権利その他の経済的利益をもって支給されることがあります。

一　物品その他の資産を無償または低い価額により譲渡したことによる経済的利益

二　土地、家屋、金銭その他の資産を無償または低い対価により貸し付けたことによる経済的利益

三　福利厚生施設の利用等前述二以外の用役を無償または低い対価により提供したことによる経済的利益

四　個人的債務を免除または負担したことによる経済的利益

これらの経済的利益を一般に現物給与といい、原則として給与所得の収入金額とされますが、現物給与には、職務の性質上欠くことのできないもので主として使用者側の業務遂行上の必要から支給されるもの、換金性に欠けるもの、その評価が困難なもの、受給者側に物品等の選択の余地がないものなど、金銭給与と異なる性質があるため、特定の現物給与については、課税上金銭給与とは異なった取扱いが定められています（所法9、28、36、57、所基通28-1、36-15）。

また、その事業者と生計を一にする配偶者その他の親族に対する給与賃金を支払っても、その支払った金額は原則として必要経費に算入することができません（所法56）。

給料賃金のうち家政婦等に対して支払った給料手当については、家事費となりますが、業務と兼業している場合には、家事関連費として業務の遂行上必要な部分は必要経費に算入されますので、業務内容を明確にする必要があります。

② 報酬

報酬とは、給料賃金と異なり雇用契約の無い者に対する役務提供の対価等として支払うものです。弁護士や税理士、司法書士、社会保険労務士等のほか、フリーライターやデザイナーなどの専門家に対する支払いなどが該当し

ます。支払先が個人となる場合は、所得税および復興特別所得税の源泉徴収の対象となります。

(2) ケーススタディ

QA8-1 親族に対して支払った給与

Q 私は飲食店を経営していますが、人手不足のため、結婚している別生計の長女に週2日手伝ってもらっています。また、同居している長男（生計一親族）も夏休みと冬休みの間に臨時的に手伝ってもらっています。長女と長男に他の従業員と同じ条件で日給として7,000円支給していますが、必要経費に算入できますか。

A 長女に支給した給与については、事業所得の計算上、必要経費に算入できますが、長男に支給した給与については、必要経費に算入できません。

解説

事業主がその事業に従事した者に対し、労働の対価として給与を支払った場合、その給与は事業所得の金額の計算上必要経費に算入されます（所法37①）が、生計を一にする配偶者その他の親族に対し、同様に給与を支払った場合は、その給与は必要経費に算入しないこととされています（所法56）。

今回のケースでは、生計を別にする長女に対する給与は、その支払額が他の従業員と同じ条件で支給しており、労働の対価として適正であることから、必要経費に算入できます。

ただし、生計を一にする同居の長男については、他の従業員と同じ条件で支給していたとしても、必要経費に算入することはできません。

税務研究会 Webセミナーのご案内

税務研究会開催ライブセミナー 年間受講者実績 46,000人超

時間と場所の問題を解決！

- PCで
- スマホ等で Wi-Fi
- 視聴は3週間 繰り返し視聴
- テキスト 発送 Download

初学者からプロフェッショナルまで手厚くフォロー！

配信中のテーマは裏面をご覧ください。

お問合せ
株式会社税務研究会
大手センタービブサービス
〒101-0065 東京都千代田区西神田1-1-3税研ビル
TEL 03-3294-4741 FAX 03-3232-0107

▶ 現在配信中のwebセミナー一覧

税務通信テキスト講座シリーズ

- NEW! 会社税務ガイダンス講座
- NEW! 28年度税制改正 企業税制のポイント集中解説
- NEW! 消費税軽減税率とインボイス制度
- NEW! 消費税経過措置
- NEW! 固定資産 ReNEW! 外形標準課税
- ReNEW! トピックで学ぶ法人税の実務
- ReNEW! 給与 ReNEW! 交際費
- ReNEW! 資本的支出と修繕費
- ReNEW! トピックで学ぶ消費税の実務
- 消費税の課税区分
- 消費税の納税義務判定
- その他 多数配信中

経営財務テキスト講座シリーズ

- NEW! 企業会計ガイダンス講座
- NEW! 税効果会計
- NEW! リース会計
- NEW! 固定資産の減損会計
- NEW! 退職給付会計
- NEW! 企業結合会計／連結財務諸表会計

資産税実務解説シリーズ

- NEW! 「厳選「資産税事例研究」 (小規模宅地特例編)
- 路線価・倍率評価の基本マスター講座
- 相続税・贈与税における 特殊な土地評価事例研究

※配信テーマは2016年10月現在のものとなります。

新テーマ続々配信予定!!

詳しくは税務研究会HPへ http://www.zeiken.co.jp/

郵便はがき

料金受取人払郵便

神田局承認

3514

差出有効期間
平成30年10月
31日まで

1 0 1 - 8 7 9 1

5 0 3

千代田区西神田
1-1-3〈税研ビル〉

税務研究会 出版局 行

これまでの税務専門誌にはない"切り口"!!ほぼ全編Q&A形式で編集

月刊税務QA

年間購読料 16,200円（税込）〈毎月5日発行〉（前払制）

月刊[税務QA]は、税務に携わる全ての会計人向けの税務情報誌です。
● 「新しい税制の導入」「年度税制改正」「決算・申告実務対応」「相続・事業承継対策」などの税務の詳細解説。
● 実務上重要な税務処理や取扱いの解釈。
● ビギナーの疑問にはFAQで一発回答。
本誌は主要記事がほぼ全編Q&A形式で構成されているので事例集的な資料としても活用できます。

海外取引のお悩みを解決する実務情報誌

月刊国際税務

年間購読料 43,200円（税込）〈毎月5日発行〉（前払制）

本誌は国際税務の分野を3つに分けて解説します！
1.国内における国際課税の申告実務
● 特別解説 ～特集では申告書・届出書の記載実例を。
2.海外の現地税制
● TOPICS ～欧米・アジア、ワールドワイドで各国の税務の最新動向を速報・詳報します
3.移転価格税制
● 移転価格情報/Transfer Pricing Information
～日本企業の日本での課税と海外子会社の現地での課税の2面から最新情報をお届けします

税務研究会 検索

愛読者カード	購入された書籍		
お名前		TEL	( )
ご住所(〒 -)			
E-mail:			
ご職業		年令	(オ)
ご購入の動機	新聞広告(新聞) 雑誌広告( ) 店頭で 書評で その他( )		

☆この本に対するご意見、ご感想をお聞かせください。
　また、今後どのような内容のものをお望みですか。

購読申込書   平成　年　月　日

月刊「税務QA」
月刊「国際税務」　　の購読を　　年　　月より申込みます。

(購読料は申込み後直ちに支払います)

※ご購読希望の月刊誌に○印をお付けください。
※本誌はいずれも書店では取扱っておりません。

送付先	(〒 -)		
社名			
部課名	部　　　課	役職名	
氏名	㊞	電話	( ) - 番

※個人情報の取扱いについて
ご記入いただいた個人情報は、商品の発送、サービスの提供に使用させていただくほか、当社がおすすめする他の商品・サービスのご案内にも使用させていただく場合がございます。
また、登録情報は、厳重に管理し、第三者に開示することは一切ございません。

QA8-2　親族税理士に対する報酬

Q　私は弁護士ですが、経理事務を税理士である妻に手伝ってもらい、妻に税理士報酬を支払いました。妻とは同居しているとはいえ、互いに、独立の事業を営み、生活費についても、7対3の割合で費用の精算をしていることから生計を一にしていないと考えられますが、税理士報酬を必要経費に算入することはできますか。

A　妻に支払った税理士報酬を必要経費に算入することはできません。

事業主と生計を一にする配偶者その他の親族がその事業主の営む不動産所得、事業所得または山林所得を生ずべき事業に従事したことその他の事由により当該事業からの対価の支払いを受ける場合、次のとおりとなります（所法56）。

① その対価に相当する金額は、その事業主のその事業に係る不動産所得の金額、事業所得の金額又は山林所得の金額の計算上、必要経費に算入しない。

② その親族のその対価に係る各種所得の金額の計算上必要経費に算入されるべき金額は、その事業主のその事業に係る不動産所得の金額、事業所得の金額又は山林所得の金額の計算上、必要経費に算入する。

③ その親族が支払いを受けた対価の額及びその親族のその対価に係る各種所得の金額の計算上必要経費に算入されるべき金額は、その親族の各種所得の金額の計算上ないものとみなす。

上記のように、所得税法は、対価の内容について事業に従事したことその他の事由により、当該事業から対価の支払を受ける場合と規定し、その内容に関する制限を設けていませんし、また、親族のその対価に係

第2章　家事関連費と必要経費の区分

る各種所得の金額という表現を用いているとおり、対価の支払いを受ける側である生計を一にする親族の所得の種類についても制限を設けていません。

したがって、生計を一にする親族が事業主とは別の事業を営む場合であっても、事業主が生計を一にする親族に支払った対価を必要経費に算入することができないことから、妻に支払った税理士報酬を必要経費に算入することはできません。

なお、家計費の負担割合を取り決め、費用の精算をしていることをもって生計を一にする親族に該当しないということにはなりません。

参考
妻に対する弁護士報酬費用　最高裁・平成16年11月2日判決

(3) 裁決・判決例の傾向

裁決・判決例 8-1　別生計親族に対する給与
（山口地裁・平成7年6月27日判決（棄却・控訴））
TAINS　Z 209-7541参照）
（広島高裁・平成10年2月26日判決（棄却・確定））
TAINS　Z 230-8094参照）

① 事案の概要
一　親族の医師甲に対する給与

病院を経営するXの従兄弟に当たる医師甲に対して支払われた給与は、医師の勤務内容が他の非常勤医師乙と比して特に異なるものでないにもかかわらず、他の非常勤医師と比較して著しく高額であるとして、給与の一部が必要経費にあたらないとされた事例です。納税者の業務の遂行上客観的に必要な給与として必要経費に算入すべき金額は、他の非常勤医師に対する1日当たりの報酬額に勤務日数を乗じて

計算した金額であるとしました。
二　清掃業務を行った家政婦丙に対する給与
　Xの営む病院の清掃業務を行った丙に対する給料が清掃業務に従事したことはほとんど無かったことから家事費にあたり、仮に清掃業務に対する対価としての性質を有する部分があるとしても、家事関連費に当たるところ、業務の遂行上必要な部分を明らかに区分することができないことから、必要経費とすることはできないとされた事例です。

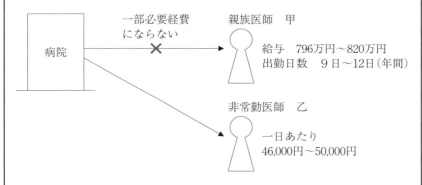

※　親族医師甲に対する給与の否認額の計算
昭和60年　7,960,000円－552,000円（46,000円×12月）＝7,408,000円
昭和61年　8,140,000円－552,000円（46,000円×12月）＝7,588,000円
昭和62年　8,200,000円－414,000円（46,000円× 9月）＝7,786,000円
昭和63年　8,100,000円－552,000円（46,000円×12月）＝7,548,000円
平成元年　8,200,000円－506,000円（46,000円×11月）＝7,694,000円

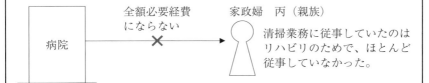

② 判決の内容
一　親族の医師甲に対する給与

第2章　家事関連費と 必要経費の区分

他の非常勤医師に対する報酬は、非常勤医師の経歴、年齢、勤務年数、専門科目の違いによる差異はなく一律であり、しかも、給与は、近隣の病院における非常勤医師に対する報酬と比較しても若干高額になります。医師甲に対して給与として支払った金額の内、業務の遂行上客観的に必要な報酬として必要経費に算入すべき金額は、他の非常勤医師に対する報酬額（1日あたり4万6000円）に医師甲が勤務した日数を乗じて計算した金額であり、これを超える金額の支払いは、業務の遂行上必要なものではないから、必要経費にあたらないと判示されました。

二　家政婦丙に対する給与

家政婦丙に対する給料名目の支払の一部に清掃業務に従事したことに対する対価としての性質を有する部分があると認める余地があるとしても、その支払には、同時に、家政婦丙が病院の事務長の母宅において家政婦丙の仕事に従事したことに対する対価あるいは、生活の安定を図るために支給した生活費ないしは扶養料の性質を有する部分があり、家事関連費に該当します。家政婦丙が清掃業務に従事した程度、母宅における家政婦として行った仕事の程度、家政婦丙に対する給料等の支給額を考えると、清掃業務に従事したことに対する対価としての性質を有する部分は全体のごく一部である上、家政婦丙の清掃業務の程度を具体的に明らかにする証拠がなく、すなわち業務の遂行上必要な部分を明らかに区分することができないので、必要経費として算入できないと判示されました。

③　実務上の留意点

法人税法には、役員給与の不相当に高額な報酬の規定（法法34②）がありますが、所得税法には特に通達等で定めたものはありません。今回の判決のように、従兄弟などの親族に対して他の非常勤医師と比較し高額な給与が支払われている場合には、具体的な業務との関連性が必要に

なります。

　また、家政婦に対する給与は、家事関連費に該当するため業務の遂行上必要な部分を明らかにした場合に、業務部分が必要経費に算入されます。業務部分を説明するには、客観的な資料として、タイムカードや、出勤簿、勤務日報等が必要となります。

> **類似裁決**
>
> 　非常勤医師である従兄弟に支給した過大給与が必要経費に算入できないとした事例（平成4年10月15日　裁決）

9　退職金

(1)　科目の論点

　退職金とは、退職を起因として支給されるもので、給料賃金と異なり、長期間の勤務に対する一括後払いという性質を有しています。また、退職後の生計維持の原資となるべき所得であるため、所得税法では、退職所得控除や退職所得控除後の金額の2分の1を退職所得とするように、税負担が軽減されるように配慮されています。

　退職金は長期間の勤務に対する対価として支払うことになり、多額の必要経費が計上されるため、親族等に対する退職金の支払いなどについては、給料賃金と同様に注意する必要があります。

　また、死亡の際に退職金を支払う場合には、退職金とともに弔慰金を支払うこともあります。弔慰金とは、従業員の死亡の際に、雇用主等が弔意を表し、遺族を慰めるために好意的、恩恵的に支給する金品をいうものとされています。

　弔慰金についても、必要経費の額に算入されるためには、社会通念上一般に認められ、事業に直接の関連性を有し、事業遂行上必要な支出であること

が必要です。

(2) ケーススタディ

> **QA9-1 事業主の死亡後に従業員退職金を支払った場合（承継人がいない場合）**
>
> **Q** 私の母は、青色申告により事業所得を申告していましたが、病気で急死しました。私はサラリーマンのため、事業を引き継ぐ者がいません。
> そこで、事業は相続発生の日をもって廃止することとし、廃業届を提出しました。そして、母の事業に従事していた従業員を9月初旬に解雇して、退職金を支払いました。
> この場合の退職金は必要経費に算入できますか。
>
> **A** 事業を承継する者がいない場合の事業主の死亡後に支払った従業員に対する退職金は、その事業主（母）の準確定申告における事業所得の計算上、必要経費に算入されるものと考えられます。
>
> 解説
>
> 事業所得等を生ずべき事業を廃止した後において、その事業に係る費用または損失でその事業を廃止しなかったならば、その者のその年分以後の各年分の事業所得等の金額の計算上必要経費に算入されるべき金額が生じた場合には、その金額はその者の事業を廃止した日の属する年分またはその前年分の事業所得等の金額の計算上、必要経費に算入されます（所法63）。
>
> 今回のケースについては、事業を廃止した後であっても死亡後速やかに退職金を支給していれば家事費ではなく、また、退職金として妥当な金額であれば、必要経費に算入できるものと考えられます。

QA9-2 事業主の死亡後に従業員退職金を支払った場合（承継人がいる場合）

Q 和菓子の製造業を営んでいる父が死亡したため、相続人である私は、和菓子店の経営を承継しました。そこで、工場に勤務していた従業員には、現在も従来どおり引き続き勤務してもらっていますが、使用者であった父の死亡により、その雇用契約は終了したとして、その勤務期間に対応する退職金を支給しました。

この場合の従業員に支給した退職金は父の準確定申告において必要経費に算入できますか。

A 亡くなった父の準確定申告における事業所得の計算上、必要経費に算入することはできないと考えられます。

必要経費に算入すべき費用は、別段の定めがあるものを除いて、その年において債務が確定したものとされ、個人が年の中途において死亡した場合には、その死亡の時までに、債務が確定したものに限られます。

まず、使用者（父）の死亡により、雇用契約が終了したかどうかについて考えますと、原則として、雇用契約上の使用者の地位は相続の対象となりますので、雇用契約は死亡によって消滅するものではありません。

次に、使用者（父）の死亡時に、従業員に退職金を支払うべき債務が確定していたかどうかについてですが、上記のとおり、従業員との雇用契約は継続しているため、従業員に退職の事実がなく退職金を支払うべき理由がないことから、債務が確定していることにはならないと考えられます。

また、前問の事業を廃止した後に生じた必要経費の特例（所法63）については、事業を廃止していないため、特例の適用を受けることができません。

したがって、従業員に支給した退職金は父の準確定申告における事業所得の計算上、必要経費に算入することはできません。

なお、仮に事業の承継を受けた相続人が退職金を支給した場合には、退職金相当額については、退職の事実がないため、原則として、事業の承継を受けた相続人の事業所得の計算上、従業員に対する給与（賞与）として必要経費になります。

参考判決

従業員に対する退職金　東京高裁・平成９年３月24日判決

(3) 裁決・判決例の傾向

裁決・判決例 9-1　従業員であった親族の死亡に際して支払った死亡退職金、弔慰金および香典

（平成９年12月10日裁決（棄却）　TAINS　J54-2-10参照）

① 事案の概要

医業（耳鼻咽喉科）を営んでいる医師Ｘが、従業員であり医師の母親（事務長）である者の死亡に伴い支出した弔慰金および香典について、必要経費と認められなかった事例です。

弔慰金については、その金額の計算方法が不動産所得の基因となる建物の管理等の労務の対価（月額25,000円）に管理等の従事期間や建築後の経過年数を用いているなど曖昧で合理性がないことから、事業と直接の関連を有し、通常必要な費用にあたらないと判断されました。

また、香典については、葬儀費用の負担者は喪主であるＸであり、本件香典を手向けた者と本件香典の受取人は請求人自身であると認められることから、香典として経理処理などをしたことをもって、事業遂行上客観的に通常必要な費用であるとは認められないとされ、仮に業務関連部分があるとしても、家事関連費とみるのが相当であるところ、業務遂

行上必要である部分を明らかに区分することができないため、必要経費として認められないと判断されました。

なお、今回のケースでは、死亡退職金について支給規程等がなくても必要経費として認めれています。

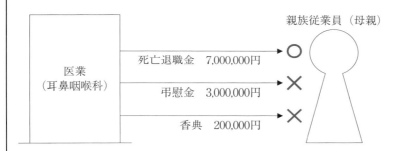

※ 弔慰金の計算
管理等の労務対価　月額25,000円×12か月×管理等の従事期間10年間
＝3,000,000円
親族従業員（母親）は、勤続期間15年のうち、10年間は、ビルの管理、巡回見回り等を行っている。

② 裁決の内容

一　弔慰金

医師Xは、弔慰金の算出方法として、調査担当官に対しては、建物の管理等の労務対価に従事期間10年を乗じて算定しているとしていましたが、一方、審判所に対しては、建物の建築後の経過年数の10年を乗じて算定していると主張していて、算出方法が異なっていたことで支払理由が曖昧と判断されました。また、審判所は他の医業所得者の弔慰金の支給事例について検討したところ、支給されている事例が無かったことが、社会通念上一般的に認められているとされないため、必要経費に算入できないと判断されました。

二　香典

第2章　家事関連費と必要経費の区分

　　親子、夫婦等親族間で執り行う葬儀は、親族として当然に行われているものであって社会通念上個人の私的行事として認められるものであるため、葬儀に伴い支出する費用はその業務の遂行上通常必要な費用とは認められていません。

　　香典は葬儀費用に充てられるものであるという性質からすれば、香典に相当する葬儀費用の額を必要経費に算入したものと同様となることを併せ考えると、業務遂行上客観的に通常かつ必要な支出には該当しないと認めるのが相当です。

　　また、仮に家事関連費に該当するとしても、家事関連費が必要経費として控除されるためには、業務と何らかの関連があるというだけでなく、業務の遂行上必要であり、かつ、その部分が客観的に明らかでなければならないものと解され、必要経費に算入できないと判断されました。

③　実務上の留意点

　今回の事例では、死亡退職金700万円については、争いがなく認められています。退職金規程等はありませんが、支給した700万円が勤続年数15年から判断して、妥当な金額であり、算定根拠も社会的な慣行によって計算されていることが考えられます。

　弔慰金と香典については、家族従業員である場合には、事業主の主観的な判断が影響するため課税所得を故意に減らすなど、恣意性が介入します。また、今回のように、他の医業所得者の支給実績等を検証するなど社会的な慣行によった場合に必要経費として算入することは難しいものと考えられます。

10 福利厚生費

(1) 科目の論点

　福利厚生は、法定福利厚生と法定外福利厚生に分類されます。法定福利厚生とは、法律によって使用者に実施が義務付けられている福利厚生で社会保険料等の費用を指します。具体的には、健康保険料、介護保険料、厚生年金保険料、労働保険料（雇用保険および労働者災害補償保険のための保険料）、児童手当拠出金、障害者雇用納付金、労働基準法に基づく災害補償の費用等です。

　これに対し、法定外福利厚生は、法律によって義務付けられていない、使用者が任意で行う様々な福利厚生措置をいいます。具体的には、住宅手当、家賃補助、社宅・独身寮、がん検診等の法定健康診断への上積み、法定の育児・介護休業への上積み、慶弔・災害見舞金、運動施設や保養所等の余暇施設、文化・体育・レクリエーション活動の支援、資格取得や自己啓発の支援、財形貯蓄制度、社内預金、社員食堂等、様々な制度があります。

　福利厚生費のうち、使用者から役員または使用人に対し雇用契約等に基づいて支給される結婚、出産等の祝金品は、給与等として取り扱います。ただし、その金額が支給を受ける者の地位等に照らし、社会通念上相当と認められるものについては、課税しなくて差し支えないとされています（所基通28−5）。

(2) ケーススタディ

QA10-1 事業主・事業専従者の慰安旅行費用

Q 私は、飲食業を営んでおりますが、今年の夏に使用人3名と専従者である妻と私の計5名で2泊3日の慰安旅行を行い、旅行のための費用45万円を支払いました。

　この場合、専従者である妻と私の分の費用も必要経費として認められ

ますか。

A 専従者の分は、使用人と同一条件であれば、必要経費となり、あなたの分は、旅行に参加することが使用人の引率等のために必要である場合には、必要経費として算入できるものと考えられます。

|解説|

使用人のレクリエーションのために社会通念上一般的に行われていると認められる会食、旅行、演芸または運動会等の費用は、次のように取り扱われています。

① 使用人に係る費用は福利厚生費として必要経費になります（所基通36－30）。

ただし、事業主の業務の必要に基づき、参加できなかった者以外の任意の不参加者に対し、参加に代えて金銭を支給する場合は、参加・不参加を問わず、すべての従業員について、不参加者が支給を受ける金銭の額に相当する賞与の支払いがあったものとして取り扱われます（所基通36－50）。

② 青色事業専従者等に係る費用は、従業員と同様のレクリエーションを行う場合には、上記①の従業員の場合と同様に取り扱って差し支えありません。

なお、①のただし書に該当することにより、青色事業専従者に対して賞与の支払いがあったものとされる場合には、届出による支払方法、支払金額によらない専従者給与として必要経費に算入することはできません（所法57）。

③ 事業主の場合は、旅行等に参加することが従業員の引率等のために必要であると認められる場合には、その旅行のために通常必要とされる金額は必要経費に算入することができると考えます。

なお、事業主と事業専従者だけで旅行等をした場合は、その旅行等は

単なる家族旅行としての性格が強いものと認められることから、家事費として取り扱われますので、必要経費に算入することはできません。

参考判決

青色専従者に対する慰安旅行　名古屋高裁・平成7年3月30日判決

(3) 裁決・判決例の傾向

裁決・判決例 10-1　家族従業員との慰安旅行の費用
(名古屋地裁・平成5年11月19日判決(棄却・控訴)
TAINS　Z199-7227参照)
(名古屋高裁・平成7年3月30日判決(棄却・確定)
TAINS　Z208-7493参照)

① 事案の概要

事業主Xは、専従者である妻および子とで、子の夏休み期間中に観光地を旅行したことは、客観的には生計を一にする夫婦、親子がその良好な家族関係を維持発展すべく企画実行したものであり、従業員の勤労意欲を高め、自己の事業に資するためといった、経済的合理性に基づき、使用者としての立場から主催したものとはいえないとして、旅行費用は必要経費に該当しないものとされた事例です。

② 判決の内容

Xは、所得税基本通達36-30は、「使用者が役員又は使用人のレクリエーションのために社会通念上一般的に行われていると認められる会食、旅行、演芸会、運動会等の行事の費用を負担することにより、これらの行事に参加した役員又は使用人が受ける経済的利益については、課税しなくて差し支えない。」としており、社会通念上一般的に行われていると認められるレクリエーションのための支出であれば、当然に必要経費に該当することを明らかにしているとし、慰安のためのレクリエー

ションが「事業遂行上必要なものであるかどうか」については、問題としていないと主張しました。

　裁判所は、所得税法第37条第1項は、「その年分の不動産所得の金額、事業所得の金額又は雑所得の金額の計算上必要経費に算入すべき金額は、別段の定めがあるものを除き、これらの所得の総収入金額に係る売上原価その他当該総収入金額を得るため直接に要した費用の額及びその年における販売費、一般管理費その他これらの所得を生ずべき業務について生じた費用（償却費以外の費用でその年において債務の確定しないものを除く）の額とする」と規定し、業務について生じた費用という規定の文言およびこれが必要経費に算入すべき金額であるとされていることからして、業務の遂行上必要なものでなければならないことを明らかにしています。

　つまり、必要経費に当たるか否かは、当該旅行の目的、規模、行程、参加者等を考慮した上、社会通念に従い、業務の遂行上必要か否かにより判断するのが相当であると考えられます。本件は、妻、未成年の子2人の合計4人で子の夏休み期間中に観光地を訪れたということから、Xにおいて青色事業専従者である妻を慰安するという趣旨で企画実行したものであったとしても、客観的には、生計を一にする夫婦、親子がその良好な家族関係を維持発展すべく企画実行したものであり、事業主であるXが、従業員の勤労意欲を高め、自己の事業に資するためといった、経済的合理性に基づき、使用者としての立場から主催したものとはいえないとされ、業務について生じた費用に該当しないと判示されました。

③　実務上の留意点

　本件の判決は、従業員を慰安するレクリエーション費用についても、業務の遂行上必要であることがポイントになっています。

　家族従業員のみの旅行は、一般的なサラリーマンの家族旅行と異なることがなく、社会通念上一般的に判断した場合に、必要経費として算入

裁決・判決例 10-2 忘年会の費用
（青森地裁・昭和61年4月15日判決（棄却・確定）

TAINS　Z152-5721参照）

① 事案の概要

中華料理店を経営するYが従業員の慰労のために開催した忘年会および新年会の費用は福利厚生のための費用と認めることができないとされた事例です。

② 判決の内容

新年会費用および忘年会の費用は飲酒を主とする集まりであって福利厚生の範囲に含め難い性格のものであることと会合はいずれも従業員の家族を含めた催しであったことが認められることから、福利厚生費として必要経費に算入することはできないと判示されました。

③ 実務上の留意点

新年会や忘年会については、従業員以外にその家族が参加する場合は、私的な面が強く、家事費として判断されることがあります。必要経費に計上するのであれば、少なくとも、参加者の氏名等を伝票に記載するなど、疎明資料を保存しておく必要があります。

11 損害賠償金、訴訟費用

(1) 科目の論点

損害賠償金は事故や不法行為等により他の者に何らかの損害を与えた場合に、その損害を埋め合わせることや対価に相当する金銭の支払いなどが該当します。

第2章　家事関連費と 必要経費の区分

　訴訟費用とは、訴訟手続を行う上で支出された費用であって法律で定められたものや弁護士費用等をいいます。

　法律で定められている訴訟費用は、基本的には敗訴者が負担することになります。訴訟費用には、訴状やその他の申立書に収入印紙を貼付して支払われる手数料のほか、書類を送るための郵便料および証人の旅費日当等があります。

　所得税基本通達37－25では、訴訟費用について、民事事件に係る費用と刑事事件に係る費用について次のような取扱いが示されています。

① 　民事事件に関する費用

　業務を営む者が当該業務の遂行上生じた紛争または当該業務の用に供されている資産につき生じた紛争を解決するために支出した弁護士の報酬その他の費用は、次に掲げるようなものを除き、その支出した日の属する年分の当該業務に係る所得の金額の計算上必要経費に算入します（所基通37－25）。

　一　その取得の時において既に紛争の生じている資産に係る当該紛争またはその取得後紛争を生ずることが予想される資産につき生じた当該紛争に係るもので、これらの資産の取得費とされるもの

　（注）　これらの資産の取得費とされるものには、例えば、その所有権の帰属につき紛争の生じている資産を購入し、その紛争を解決してその所有権を完全に自己に帰属させた場合の費用や現に第三者が賃借している資産で、それを業務の用に供するため当該第三者を立ち退かせる必要があるものを購入して当該第三者を立ち退かせた場合の費用があります。

　二　山林または譲渡所得の基因となる資産の譲渡に関する紛争にかかるもの

　（注）　譲渡契約の効力に関する紛争において当該契約が成立することとされた場合の費用は、その資産の譲渡に係る所得の金額の計算上譲渡に要した費用とされます。

　三　所得税法第45条第1項《家事関連費等の必要経費不算入等》の規定により必要経費に算入されない同項第2号から第5号までに掲げる租税公

四　他人の権利を侵害したことによる損害賠償金（これに類するものを含む。）で、所得税法第45条第１項の規定により必要経費に算入されない同項第７号に掲げるものに関する紛争に係るもの

② 刑事事件に関する費用

　業務を営む者が当該業務の遂行に関連する行為について刑罰法令違反の疑いを受けた場合における弁護士の報酬その他その事件の処理のため支出した費用は、当該違反がないものとされ、もしくはその違反に対する処分を受けないこととなり、または無罪の判決が確定した場合に限り、必要経費に算入します（所基通37-26）。

(注)　必要経費に算入される費用は、その違反がないものとされ、もしくは処分を受けないこととなり、または無罪の判決が確定した日の属する年分とその費用を支出すべきことが確定した日の属する年分とのいずれかの年分の必要経費に算入することができます。

(2)　ケーススタディ

QA11-1　交通事故による損害賠償金（事業主の場合）

Q　私は、配送業を営んでいますが、配送の際に交通事故を起こしてしまいました。相手の入院治療費と慰謝料を40万円支払うことで和解をしましたが、この損害賠償金は必要経費に算入できますか。

A　交通事故が業務遂行上生じたもので、事故を起こしたことについて故意または重大な過失がない場合には必要経費に算入することができます。

解説

　業務の遂行上生じた損害賠償金（慰謝料、示談金、見舞金等他人に与えた損害を補塡するために支出する一切の費用を含みます。）は原則として、

必要経費に算入されます。しかし、故意または重大な過失によって他人の権利を侵害したことにより支払う損害賠償金や家事関連費としての損害賠償金は必要経費に算入されません（所基通45－7）。

今回のケースは、その事故が配送の途中であり、業務の遂行の過程において発生したものですから、事故を起こしたことについて故意または重大な過失がない場合には、その負担した金額は事業所得の金額の計算上必要経費に算入されます。

なお、他人の権利を侵害したことに「重大な過失」があったかどうかについては、その者の職業、地位、加害当時の周囲の状況、侵害した権利の内容および取締法規の有無等の具体的な事情を考慮して、その者が払うべきであった注意義務の程度を判定し、不注意の程度が著しいかどうかにより判定するものとし、次に掲げる場合には、特別な事情がない限り、重大な過失があったものとされます（所基通45－8）。

① 自動車の運転車が無免許運転、高速度運転、酔払運転、信号無視その他道路交通法第4章第1節《運転車の義務》に定める義務に著しく違反することまたは雇用者が超過積載の指示、整備不良車両の運転の指示等著しく違反することにより他人の権利を侵害した場合

② 劇薬または爆発物等を他の薬品または物品と誤認して販売したことにより他人の権利を侵害した場合

QA11-2　交通事故による損害賠償金（使用人、事業専従者の場合）

Q 私は、小売業を営んでいますが、使用人が定休日にお店の車で事故を起こしてしまいました。事業主の立場上、私がその事故の損害賠償金を支払い、使用人には求償しない予定です。この場合、私が負担した損害賠償金は必要経費に算入できますか。

また、事業専従者である妻が同様の事故を起こした場合にも必要経費

11 損害賠償金、訴訟費用

に算入できますか。

A 使用人の起こした事故について、事業主としての管理上に重大な過失がなく、かつ、雇用主としての立場上その損害賠償金の負担がやむを得ないものであれば、必要経費に算入できます。しかし、事業専従者が起こした事故で業務の遂行に関連しないものについては、たとえ事業主がその損害賠償金を負担したとしても必要経費に算入できません。

|解説|

業務を営む者が使用人（業務を営む者の親族でその業務に従事しているもの（以下「家族従業員」といいます。）を含みます。）の行為に基因する損害賠償金（これに類するものおよびこれらに関連する弁護士の報酬等の費用を含みます。）を負担した場合には、次の取扱いになります（所基通45－6）。

① その使用人の行為に関し、業務を営む者に故意または重大な過失がある場合には、その使用人に故意または重大な過失がないときであっても、当該業務に係る所得の金額の計算上必要経費に算入されません。

② 使用人の行為に関し業務を営む者に故意または重大な過失がない場合には、使用人に故意または重大な過失があったかどうかを問わず、次によります。

一 業務の遂行に関連する行為に基因するものは、当該使用人の従事する業務に係る所得の金額の計算上必要経費に算入します。

二 業務の遂行に関連しない行為に基因するものは、家族従業員以外の使用人の行為に関し負担したもので、雇用主としての立場上やむを得ず負担したものについては、当該使用人の従事する業務に係る所得の金額の計算上必要経費に算入し、その他のもの（家族従業員の行為に関し負担したものを含む。）については、必要経費に算入さ

> れません。
>
> 　今回のケースでは、業務の遂行に関連しない事故に基因して負担した損害賠償金について、使用人が家族従業員ではなく、事業主としての管理上重大な過失がなく、かつ、雇用主としての立場上やむを得ないものであれば、必要経費に算入できます。
>
> 　ただし、事業専従者等の家族従業員の起こした事故については、必要経費に算入できません。

(3) 裁決・判決例の傾向

> **裁決・判決例 11-1**
>
> **訴訟費用（弁護士費用）**
> **（東京地裁・平成25年10月17日判決（一部認容・確定）**
> 　　　　　　　　　　　　　　　TAINS　Z263-12310参照）
>
> ① 事案の概要
>
> 　生命保険の代理店を営んでいるXは、長男の係争に係る弁護士費用を必要経費に算入して申告したところ、必要経費の算入が認められた事例になります。
>
> ② 判決の内容
>
> 　弁護士費用の内容は、長男が小学校の担任教師から暴行を受け、ストレス障害（PTSD）を発症したことに関して、D市教育委員会を訴えるためにXが弁護士に支出した費用になります。Xは弁護士費用について、事業の収益が減少したことによる損害賠償を請求したものと主張しました。
>
> 　裁判所は、弁護士費用について、Xの業務に係る売上の減少による損害賠償を求める訴訟を提起するための事前交渉を弁護士に委任した際の費用として認めるのが相当と判断し、必要経費に算入することを判示されました。

③ 実務上の留意点

今回の裁判のケースでは、長男がPTSDを発症した際に、学校側が何の手当もしなかったため、売上が実際に減少する損害を受けています。長男を原因とした私的なものと売上減少に対する因果関係を立証するのは難しいため、具体的に被害になった金額や経緯を疎明資料として保管しておくことが必要です。

12 旅費交通費

(1) 科目の論点

① 旅費交通費

旅費交通費とは、事業主や従業員が業務を遂行するための交通費、出張費、宿泊費等の費用をいいます。

旅費交通費には、交通機関等（電車、バス、タクシー等）の実費精算するものと、旅費規程により支給される日当等があります。

事業主の旅費交通費には日常で使用するものが混在することが多いため、事業用と家事用とを区別しておく必要があります。

② 海外渡航費

一 事業を営む者等の海外渡航費

事業を営む者が自己の海外渡航に際して支出する費用は、その海外渡航が当該事業の遂行上直接必要であると認められる場合に限り、その海外渡航のための交通機関の利用、宿泊等の費用（家事上の経費に属するものを除く。）に充てられたと認められる部分の金額は必要経費に算入されます。

なお、事業を営む者と生計を一にする親族で所得税法第57条第1項または第3項《事業に専従する親族がある場合の必要経費の特例等》の規定の適用を受けないものの海外渡航のために事業を営む者が支出した費用ま

たは支給した旅費についても、これに準ずるものとされます（所基通37－16）。

二　使用人に支給する海外渡航旅費

　事業を営む者がその使用人（事業を営む者と生計を一にする親族で所得税法第57条第1項または第3項の規定の適用を受けるものを含む。）の海外渡航に際し支給する旅費（支度金を含む。以下同じ。）は、その海外渡航が事業を営む者の当該事業の遂行上直接必要であり、かつ、当該渡航のため通常必要と認められる部分の金額に限り、旅費として必要経費に算入されます。

　なお、事業の遂行上直接必要と認められない海外渡航の旅費の額および当該事業の遂行上直接必要であると認められる海外渡航の旅費の額のうち通常必要と認められる金額を超える部分の金額は、その支給を受ける者に対して支給した給与等として必要経費に算入されます。ただし、事業専従者に対して支給した給与とされるものの必要経費算入については、所得税法第57条第1項または第3項の規定の適用がされます（所基通37－17）。

三　旅行期間のおおむね全期間を通じて事業の遂行上直接必要と認められる場合

　所得税基本通達37－16または所得税基本通達37－17の場合において、その海外渡航が旅行期間のおおむね全期間を通じ明らかに当該事業の遂行上直接必要であると認められるものであるときは、その海外渡航のためにその事業を営む者が支出した費用または支給した旅費については、社会通念上合理的な基準によって計算されているなど不当に多額でないと認められる限り、その全額を旅費として必要経費に算入することができます（所基通37－18）。

四　事業の遂行上直接必要な海外渡航の判定

　事業を営む者またはその使用人（事業を営む者と生計を一にする親族を含む。以下同じ。）の海外渡航が当該事業の遂行上直接必要なものであるかどうかは、その旅行の目的、旅行先、旅行経路、旅行期間等を総合勘案して実質的に判定するものとしますが、次に掲げる旅行は、原則として、当該

事業の遂行上直接必要な海外渡航に該当しないものとされます（所基通37
－19）。
- ・　観光渡航の許可を得て行う旅行
- ・　旅行あっせんを行う者等が行う団体旅行に応募してする旅行
- ・　同業者団体その他これに準ずる団体が主催して行う団体旅行で主として観光目的と認められるもの

五　事業の遂行上直接必要と認められる旅行と認められない旅行とを併せて行った場合

　事業を営む者またはその使用人が海外渡航をした場合において、その海外渡航の旅行期間にわたり当該事業の遂行上直接必要と認められる旅行と認められない旅行とを併せて行ったものであるときは、その海外渡航に際して支出した費用または支給した旅費を当該事業の遂行上直接必要と認められる旅行の期間と認められない旅行の期間との比等によって按分し、当該事業の遂行上直接必要と認められる旅行に係る部分の金額は、旅費として必要経費に算入されます。ただし、海外渡航の直接の動機が特定の取引先との商談、契約の締結等当該事業の遂行のためであり、その海外渡航を機会に観光を併せて行ったものである場合には、その往復の旅費（当該取引先の所在地等その事業を遂行する場所までのものに限る。）は当該事業の遂行上直接必要と認められる旅費として必要経費に算入し、その海外渡航に際して支出した費用または支給した旅費の額から当該往復の旅費を控除した残額につき本文の取扱いが適用されます（所基通37－21）。

六　事業の遂行上直接必要と認められない海外渡航の旅費の特例

　事業を営む者またはその使用人の海外渡航が所得税基本通達37－19に掲げる旅行に該当する場合であっても、その海外渡航の旅行期間内における旅行先、その仕事の内容等からみて、当該事業にとって直接関連があるものがあると認められるときは、その海外渡航に際し支出した費用または支給した旅費のうち、当該事業に直接関連のある部分の旅行について直接要した部分の金額は、旅費として必要経費に算入されます（所基通37－22）。

(2) ケーススタディ

QA12-1　従業員・事業主の帰宅旅費

Q　私は、印刷業を営んでいますが、単身赴任の従業員が家族のいる自宅に帰省することになり、自宅までの旅費相当分について支給しておりますが、この費用は必要経費に算入できますか。また、従業員ではなく、私自身の旅費についても必要経費に算入できますか。

A　従業員の帰宅旅費は職務の遂行上必要な旅費に該当しないため、旅費交通費ではなく、従業員に対する給与として必要経費に算入します。

事業主に対する旅費は職務の遂行上必要な旅費ではなく、家事費であるため、必要経費に算入できません。

|解説|

単身赴任者に支給した帰宅旅費については、国税庁の個別通達（昭和60年11月8日直所3－9）に取扱いがあり、職務の遂行上必要な旅行に付随して、帰宅のための旅行を行った場合に支給される旅費についてはこれらの旅行の目的、行路等からみて、これらの旅行が主として職務遂行上必要な旅行と認められ、かつ、当該旅費の額が所得税基本通達9－3に定める非課税とされる旅費の範囲を著しく逸脱しない限り、非課税として取り扱って差し支えないとされています。

所得税基本通達9－3に定める通常必要とされる費用の支出に充てられると認められる範囲内の金品に該当するかどうかの判定に当たっては、次に掲げる事項を勘案します。

① その支給額が、その支給をする使用者等の役員および使用人の全てを通じて適正なバランスが保たれている基準によって計算されたものであるか。

② その支給額が、その支給をする使用者などと同業種、同規模の他の

使用者などが一般的に支給している金額に照らして相当と認められるものであるか。

今回のケースでは、単に自宅に帰省するための旅費であり、職務の遂行上必要な旅費ではないため、単身赴任者に対する給与などの補塡として支給されるものと考えられ、給与として必要経費に算入されます。

また、事業主に対する旅費についても、同様に職務の遂行上必要な旅費に該当しないため、家事費に該当します。

参考裁決

単身赴任者に支給した帰郷交通費（平成10年1月29日裁決）

QA12-2 事業主の海外視察旅行

　私は、飲食店を営んでいますが、海外にあるフランス料理店の視察のために、海外に渡航を予定しています。

現地での滞在日数1週間のうち、観光に要する日数は2日程度（残りは視察等の業務に費やす予定）ですが、この場合の海外への往復の交通費（15万円）、現地での宿泊費など（20万円）は必要経費に算入できますか。

今回のケースは業務従事割合が50％以上で、海外渡航することが業務遂行上必要であると認められますので、往復の交通費の額（15万円）と現地での宿泊費のうち必要経費算入割合※を乗じて計算した金額（20万円×70％＝14万円）の合計額29万円を旅費として必要経費の額に算入されます。

※　必要経費算入割合　5日÷7日≒71％→70％（10％未満四捨五入）

解説

海外渡航費用については、国税庁では、統一的な取扱いを図るため通達を定めています（平成12年10月11日付課所4-24）。

第2章　家事関連費と必要経費の区分

　これによると、業務として行われる視察などの機会に併せて観光が行われる場合の海外渡航費については、課税上弊害がない限り、次のとおり取り扱うこととされています。
① 原則的取扱い
　その旅行に通常要する費用（その旅行費用の総額のうちその旅行に通常必要であると認められる費用をいう。以下同じ。）の額に、旅行日程の区分による業務従事割合を基礎とした必要経費算入割合を乗じて計算した金額を必要経費の額に算入します。

> 【算式】
>
> 旅行に要する費用の額 × 必要経費算入割合 ＝ 必要経費の額に算入される金額

（業務従事割合）
　上記①の「業務従事割合」は、旅行日程を「視察等（業務に従事したと認められる日数）」、「観光（観光を行ったと認められる日数）」、「旅行日」および「その他」に区分し、次の算式により計算した割合とします。

> 【算式】
>
> $$\frac{「視察等の業務に従事したと認められる日数」}{「視察等の業務に従事したと認められる日数」＋「観光を行ったと認められる日数」}$$

（必要経費算入割合）
　上記①に定める「必要経費算入割合」は、業務従事割合を10％単位で区分したものとするが、その区分にあたり業務従事割合の10％未満の端数については四捨五入する（例えば、業務従事割合が65％の場合は、70％となります）。
② 簡便的取扱い

ただし、次に揚げる場合には、それぞれ次によります。
一　その団体旅行に係る必要経費算入割合が90％以上となる場合　その旅行に通常要する費用の額の全額を旅費として必要経費の額に算入します。
二　その団体旅行に係る必要経費算入割合が10％以下となる場合　その旅行に通常要する費用の額の全額を旅費として必要経費の額に算入しません。
（注）　海外渡航の参加者である使用人に対する給与と認められる費用は、給与として必要経費の額に算入します。

ただし、個人の事業専従者に対して支給した給与とされるものの必要経費算入については、所得税法第57条第1項または第3項の規定の適用があります。
三　その海外渡航が業務遂行上直接必要であると認められる場合（「業務従事割合」が50％以上の場合に限る。）　その旅行に通常要する費用の額を「往復の交通費の額（業務を遂行する場所までのものに限る。以下同じ。）」と「その他の費用の額」とに区分し、「その他の費用の額」に損金等算入割合を乗じて計算した金額と「往復の交通費の額」との合計額を旅費として必要経費の額に算入します。
四　参加者のうち別行動をとった者など個別事情のある者がいる場合　当該者については、個別事情を斟酌して業務従事割合の算定を行います。

（日数の区分）
業務従事割合の計算の基礎となる日数の区分は、おおむね次によります。
五　日数区分の単位
　　日数の区分は、昼間の通常の業務時間（おおむね8時間）を1.0日としてその行動状況に応じ、おおむね0.25日を単位に算出します。ただ

し、夜間において業務に従事している場合には、これに係る日数を「視察などの業務に従事したと認められる日数」に加算します。

六　視察などの日数

　視察などの日数は、次に掲げるような視察などでその参加法人または個人の業種業態、事業内容、事業計画等からみてその法人または個人の業務上必要と認められるものに係る日数とします。

- 工場、店舗等の視察、見学または訪問
- 展示会、見本市等への参加または見学
- 市場、流通機構等の調査研究等
- 国際会議への出席
- 海外セミナーへの参加
- 同業者団体または関係官庁等の訪問、懇談

七　観光の日数

　観光の日数には、次に掲げるようなものに係る日数が含まれます。

- 自由行動時間での私的な外出
- 観光に附随して行った簡易な見学、儀礼的な訪問
- ロータリークラブ等その他これに準ずる会議で、私的地位に基づいて出席したもの

八　旅行日の日数

　旅行日の日数は、原則として目的地までの往復および移動に要した日数としますが、現地における移動日などの日数でその内容からみて「視察等の日数」または「観光の日数」に含めることが相当と認められる日数（観光の日数に含めることが相当と認められる当該移動日などの日数で、土曜日または日曜日などの休日の日数に含まれるものを除く。）は、それぞれの日数に含めます。

九　その他の日数

　その他の日数は、次に掲げる日数とします。

(イ)　土曜日または日曜日などの休日の日数（前述ハの旅行日の日数を除く）

　　　ただし、これらの日のうち業務に従事したと認められる日数は「視察などの日数」に含め、その旅行の日程からみて、当該旅行のほとんどが観光と認められ、かつ、これらの日の前後の行動状況から一連の観光を行っていると認められるような場合には「観光の日数」に含めます。
　(ロ)　土曜日または日曜日などの休日以外の日の日数のうち「視察等」、「観光」および「旅行日」に区分されない休養、帰国準備などその他の部分の日数

　今回のケースでは、現地における1週間の滞在期間のうち観光に要する日数は2日ということですので、業務従事割合は50％以上（5日÷7日≒71％）となり、海外渡航することが業務遂行上直接必要であると認められますので、上記の個別通達により、次の金額の合計額を旅費として必要経費の額に算入します。
　一　往復の交通費の額（ただし、観光のための現地での交通費の額は除きます。）
　二　その他の費用の額に「必要経費算入割合」を乗じて計算した金額

QA12-3　事業主が支出した訪問、出張の際の食事代

　私は製造業を営んでいますが、業務遂行上次に掲げる食事代等を支出した場合には必要経費に算入できますか。
①　取引先を訪問する途中で昼食を取った場合の事業主の食事代
②　出張中に従業員とともに夕食を取った場合の事業主および従業員の食事代

③　取引先を交えて打合せを兼ねた事業主の飲食代

A　事業主の食事代等は、原則として必要経費に算入できませんが、出張旅費や会議費等と認められる場合には、必要経費に算入できるものと考えられます。

|解説|

　食事を取る行為は、たとえ業務遂行中であったとしても、基本的に家事費の範囲に含まれるため、必要経費に算入できません（所法45①一）。

　したがって、①のケースは必要経費に算入できません。

　また、②のケースも原則として必要経費には算入できませんが、業務遂行上必要な旅行における宿泊費の中に含まれている食事代については、特に過大と認められない限り必要経費に算入できるものと考えます。

　同行した従業員の食事代を負担した場合には、出張旅費として必要経費に算入することも可能と考えられます。

　③のケースでは、取引先と同席することが業務遂行上必要であることが明らかな場合で、特に過大と認められなければ、会議費または交際費等として必要経費に算入できるものと考えられます。

(3)　裁決・判決例の傾向

裁決・判決例 12-1　高速道路料金
（浦和地裁・平成8年9月9日判決（棄却・確定）

TAINS　Z220-7773参照）

①　事案の概要

　ガス配管工事を営むXは、妻の実家を訪問する際に取引先に対する歳暮等を購入し、高速道路を利用していたが、交通費として必要経費に算入できないとされた事例です。

② 判決の内容

　Xは、毎年連休に妻の実家を訪問するついでに、取引先に対する歳暮などを購入したと主張していますが、仮に、歳暮等の購入が業務上必要なものであったとしても、その業務上の必要性は経費の主たる部分を占めているということはできず、また、業務上必要な部分とそうでない部分を明確に区別することもできないことから、高速道路料金を家事関連費として必要経費に算入できないと判示されました。

③ 実務上の留意点

　今回の判決では、海外渡航費のように業務従事割合という考え方で判断しません。歳暮などを購入している行為は、旅行期間の全体からすると短時間であり、実家への訪問が主たる部分を占めていると考えます。

13 消耗品費

(1) 科目の論点

　消耗品費とは、消耗品や少額の減価償却資産をいい、事務用品等の事務用消耗品や10万円未満のパソコンや工具等の少額の減価償却資産が該当します。

① 少額の減価償却資産

　不動産所得、事業所得、山林所得または雑所得を生ずべき業務の用に供した減価償却資産で使用可能期間が1年未満のものまたは取得価額が10万円未満のものは、その取得価額の全額をその業務の用に供した日の属する年分の必要経費に算入します（所令138）。

② 中小事業者の少額減価償却資産

　常時使用する従業員が1,000人以下である青色申告者が、平成18年4月1日から平成30年3月31日までの間に取得等をし、かつ、不動産所得、事業所

得または山林所得を生ずべき業務の用に供した減価償却資産で、取得価額が30万円未満であるものについては、一定の要件を条件に、取得価額の全額を必要経費に算入することができます（措法28の3）。

③　消耗品費等の取扱い

　消耗品その他これに準ずる棚卸資産の取得に要した費用の額は、当該棚卸資産を消費した日の属する年分の必要経費に算入しますが、その者が、事務用消耗品、作業用消耗品、包装材料、広告宣伝用印刷物、見本品その他これらに準ずる棚卸資産（各年ごとにおおむね一定数量を取得し、かつ、経常的に消費するものに限る。）の取得に要した費用の額を継続してその取得をした日の属する年分の必要経費に算入している場合には、これが認められます（所基通37－30の3）。

　なお、この取扱いにより必要経費に算入する金額が製品の製造等のために要する費用としての性質を有する場合には、当該金額は製造原価に算入することになるため留意が必要です。

(2)　ケーススタディ

QA13-1　パソコンの購入費用、会計ソフト代

Q　私は、自宅で飲食店を経営している青色申告者です。

　今年から確定申告を自分で行うため、パソコン（15万円）と会計ソフト（6万円）を購入しました。パソコンは私が会計ソフトで記帳する以外に家族も業務用以外で使用しています。

　購入したパソコンの費用と会計ソフト代は必要経費に算入できますか。

A　会計ソフト代は全額必要経費に算入できますが、パソコンの購入費用は購入した金額を業務に使用している割合で按分した金額を必要経費に算入することができます。

> **解説**

　会計ソフトについては、確定申告の会計記帳をするために使用しているため、全額必要経費に算入することができます。

　パソコンについては、会計ソフトの記帳以外に家族が業務用以外に使用しているため、家事関連費に該当します。

　この場合は、業務に使用している割合を合理的に算定し、購入した金額に当該割合乗じて計算した金額を必要経費に算入することになります。

　なお、このケースでは、パソコンの購入金額が30万円未満のため、中小事業者の少額減価償却資産の特例を適用し、事業用部分の全額を必要経費に算入することができます。

※　参考関連判決（一部抜粋）

> **判決例**　被服費
> 　　　　（京都地裁・昭和49年5月30日判決（棄却・控訴）
> 　　　　　　　　　　　　　　　　　TAINS　Z 075-3335参照）
> 　　　　（最高裁・昭和60年3月27日判決（棄却・確定）
> 　　　　　　　　　　　　　　　　　TAINS　Z 144-5507参照）

① 事案の概要

　大学教授Xは、確定申告を失念していたため、税務署から税金を決定された際に、給与所得控除について背広代、クリーニング代等を必要経費に計上できるとして争った事例になります。判決は、背広代を家事関連費として業務上必要とした部分を他の部分と明瞭に区分することができるときはその部分を必要経費として認める余地があるとしたものの、業務上必要とする被服費を支出したとの事実を認めるに足りる証拠がないとして大学教授の訴えを退けました。

② 判決の内容

　訴えを退けた理由として被服は、給与所得者に限らず誰もが必要とし、その種類、品質、数量等は個人の趣味嗜好によってかなりの差異があり、耐用年数についてもかなりの個人差が存するものであるから、被服費は、一般的には、個人的な家事消費たる家事費に属すると解するのが相当であるとしています。

　しかし、例えば、警察職員における制服のように、使用者から着用を命じられ、かつ、職務遂行上以外では着用できないようなものについては、その被服費の支出は、勤務のために必要なものとして、給与所得の必要経費を構成するものと考えます。また、そのような特殊な職業に従事する者ではないその他の一般の給与所得者についても、主に家庭において着用するのではなく、その地位、職種に応じ、勤務（ないし職務）上一定の種類、品質、数量以上の被服を必要とする場合には、その被服費の支出は勤務についても関連するものとして、家事費ではなく、家事関連費であると解するのが相当であるとしています。

　したがって、背広などの被服費の支出も、業務上必要とした部分を、他の部分と明瞭に区分することができるときは、当該部分の支出は必要経費になると認める余地があるとされ、今回の裁判のケースでは否認されていますが、完全に否定しているものではありません。

③ 実務上の留意点

　この判決例は、大島訴訟の下級審での争いですが、この判決の後、昭和62年に特定支出控除制度（所法57の2①）が導入され、平成26年から特定支出控除制度が大きく見直しがされ衣服費が含まれることになりました。

　この特定支出控除は従来は下記の5項目が認められていました。

　一　通勤費

　二　転勤費用

三　仕事に必要な研修費用
四　仕事に必要な資格取得費用
五　単身赴任で勤務地から自宅へ帰るための交通費

平成26年からこれらに加え、

六　仕事に必要な書籍や新聞など図書の購入費用（図書費）
七　仕事で必要な衣服の購入費用（衣服費）
八　得意先などを接待するための費用（交際費）

の3項目が新たに認められるようになったのです。

　衣服費は具体的には、制服、事務服、作業服および給与などの支払者により勤務場所において着用することが必要とされる衣服が該当します。背広については、特定支出控除の国税庁が公表した『平成25年分以後の所得税に適用される給与所得者の特定支出の控除の特例の概要等について（情報）質疑応答編』（平成24年9月12日）の中で下記のように示されています。

> **参考**
>
> 　制服、事務服その他の勤務場所において着用することが必要とされる衣服を購入するための支出で、その支出がその方の職務の遂行に直接必要なものとして給与等の支払者により証明がされたものは、特定支出となります。
>
> 　給与等の支払者により勤務場所において背広を着用することが社内規定により定められていることから、その背広の購入のための支出がその方の職務の遂行に直接必要なものとして給与などの支払者により証明がされたものは、特定支出となります。
>
> 　なお、明確な社内規定がない場合であっても、勤務場所においては背広などの特定の衣服を着用することが必要であることについて就職時における研修などで説明を受けているときや、勤務場所にお

ける背広などの特定の衣服の着用が慣行であるときなどは、その背広など特定の衣服を購入するための支出は、特定支出となります。
　また、背広については、出勤・退勤の途上や他用で着用する場合があるとしても、給与などの支払者により勤務場所において背広を着用することが求められており、その背広の購入がその方の職務の遂行に直接必要なものとして給与などの支払者により証明がされたものについては、特定支出となります。

　これは、あくまで給与所得者の特定支出の考え方になりますが、個人事業者の必要経費の解釈についても同様に準用できるものと考えます。つまり、背広代については、出勤・退勤の途上や他用で着用する場合があるとしても、職務場所において背広を着用することが義務付けられていて、背広の購入が職務の遂行上直接必要なものであり、価格等が社会通念上の範囲内であれば、必要経費の算入の余地も考えられます。

14 地代家賃

(1) 科目の論点

　地代家賃とは、事務所、店舗、社宅等の建物の家賃、共益費や、月極駐車場使用料その他土地の使用料など、建物や土地を賃借した場合に支払う賃料を管理するための勘定科目をいいます。
　支払家賃には、賃借する際に礼金、更新料等を併せて支払うケースが多いですが、支払った場合は繰延資産として次のように取り扱います。

【繰延資産の償却期間一部抜粋】

建物を賃借するために支出する権利金等（所基通2－27(1)）	① 建物の新築に際し支払った権利金等がその建物の賃借部分の建設費の大部分に相当し、かつ、建物の存続期間中賃借できる状況にあるもの	その建物の耐用年数の7/10に相当する年数
	② 建物の賃借に際して支払った①以外の権利金等で、借家権として転売できるもの	その建物の賃借後の見積残存耐用年数の7/10に相当する金額
	③ ①及び②以外の権利金等	5年（契約による賃借期間が5年未満で、契約の更新時に再び権利金等の支払いを要することが明らかであるときはその賃借期間）
電子計算機等の賃借に伴って支出する費用（所基通2－27(2)）		その機器の耐用年数の7/10に相当する年数（その年数が賃借期間を超えるときは、その賃借期間）

(2) ケーススタディ

QA14-1　店舗併用住宅の支払家賃の取扱い

私は、飲食店を経営している青色申告者です。

現在賃借している建物は店舗併用住宅（一戸建て）であり、床面積は1階は60㎡、2階は50㎡で1階は飲食店として使用し、2階は住居として使用していますが、この賃借している建物の家賃については、契約上、次のように支払うこととされています。

① 　1階の店舗部分の家賃……1か月15万円

② 　2階の住宅部分の家賃……1か月6万円

第2章　家事関連費と必要経費の区分

家賃のうち、必要経費に算入する金額はどのように計算されますか。

A 　1階と2階の家賃を合せた全体の家賃を合理的な方法により按分した金額を必要経費とします。

　店舗併用住宅の支払家賃のように業務上の費用と家事上の費用とが一体となって支出されるものについては、その所得を生ずべき業務の遂行上必要であり、かつ、その必要である部分を明らかに区分することができる場合におけるその部分に相当する金額のみを事業所得等の金額の計算上必要経費に算入することができます。

　今回のケースのような一戸建の建物の全部を賃借するような場合において、1階部分の賃借料の額と2階部分の賃借料の額とを区別するような取決めをすることは通常では考えられないところです。したがって、例えば、1階部分と2階部分とでは建物の構造、用途、使用材質等に著しい相違があるなど、家賃をそれぞれ区分することについて、合理的な理由があると認められる場合はともかくとして、1階部分の家賃と2階部分の家賃とを異にする合理的な理由がないと認められる場合には、その区分は恣意的なものと考えられますから、1階部分、2階部分を合わせた全体の家賃を床面積等により按分する方法によって計算すべきものと考えます。

したがって、下記の計算式により計算した金額を必要経費として算入することができると考えられます。

$$210,000円 \times \frac{60㎡}{110㎡} ≒ 114,545円……＞必要経費$$

QA14-2 自己の居住用アパートの支払家賃

 私は、転勤に伴い、横浜にある自宅を賃貸していましたが、その後横浜に戻ることになったことから、賃借人に対し自宅の明渡しを求めましたが、これに応じてもらえず、アパートを借りることになりました。

このアパートの家賃を必要経費とすることができますか。

A 自己が居住するためのアパートの家賃を必要経費とすることができません。

|解説|

所得税法において、家事上の経費は必要経費に算入しないこととされており、衣食住をはじめとして、日常生活を営む上で必要とされる費用は、家事費に該当します。

今回のケースでは、不動産所得を得るために必要なものであるとしても、衣食住に関する費用そのものであり、これが家事上の経費にあたる以上、支払った家賃を必要経費に算入することはできません。

(3) **裁決・判決例の傾向**

裁決・判決例 14-1　自宅兼事務所の家賃等

（東京地裁・平成25年10月17日判決（一部認容・確定）

TAINS　Z263-12310参照）

① 事案の概要

　自宅で保険代理店業を営んでいた白色申告事業者Xは、1階と2階の1部屋（下図参照）を事業用として家賃および駐車場使用料を床面積の割合で按分して申告していましたが、家事関連費として必要経費にならないとされた事例です。

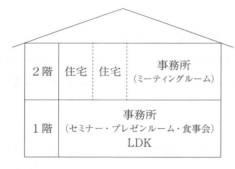

② 判決の内容

一　家賃

　Xは、1階のダイニングキッチンをセミナールーム、プレゼンテーションルーム、リビングを食事会、酒宴、茶会の場として、2階を仕事用衣装置場、ミーティングルームとして事業用で使用していると主張しました。

　家事関連費のうち白色申告者については、その経費の主たる部分が事業用であり、しかもその部分が明らかに区分できる場合には、必要経費に算入でき、主たる部分が事業用であるかは、業務の遂行上必要

な部分が50％を超えるかどうかにより判定するものとします。

しかしながら、本件住宅は全体として居住の用に供されるべき３LDKの２階建て住宅であり、その構造上、住宅の一部について、居住用部分と事業用部分とを明確に区分することができる状態にないことが明らかであり、Xが家族と共に本件住宅に居住していることを併せて考えると、本件住宅のリビング等を各業務の専用スペースとして常時使用し、それ以外の用向きには使用していなかったとは考えられず、むしろ、居宅である本件住宅において、Xが家族と共に家庭生活を営みつつ、各業務およびこれに関連する業務等を行っていたものと認めるのが相当であるとされます。

したがって、本件住宅のうちのリビング等が、各業務のためのいわば専用スペースとして使用されていたことを前提として、家賃のうち本件住宅の全面積にリビング等が占める割合に相当する部分を本件各業務の遂行上必要な金額であるという主張は採用できないと判示されました。

二　駐車場

駐車場については、Xは、近隣の駐車場使用料の相場相当額について必要経費に算入することができると主張していましたが、各業務の内容に照らすと、各業務の遂行にあたり、Xが所有する車両を使用する必要があるのか不明であり、仮に、各業務の遂行のためにXが所有する車両を使用する機会があるとしても、住宅がXの自宅であり、それに附属する駐車場に駐車する当該車両が各業務の遂行のみに使用されるものとは考え難く、Xの主張に照らしても、当該車両を本件各業務の遂行に使用する頻度や時間も明らかではないと考えられます。また、本件家賃のうちの駐車場使用料相当額について、各業務の遂行上必要なものとして明確に区分することができるということはできず、当該相当額を事業所得の必要経費へ算入することはできないと判示さ

> れました。
>
> ③　実務上の留意点
>
> 　自宅兼事務所について、例えば、ケーススタディのQA14-1のように店舗と住宅が独立して事業を行い床面積を合理的に区分することができることがポイントになります。自宅部分が2階の2部屋のみで、食事、炊事、家事等をまかなうことはできないことは明確です。
>
> 　今回のケースのように、1階のキッチンやリビングのように、本人や家族が使用する場合には、その使用割合も面積に反映し、合理的に区分する必要があります。

15 教育研修費

(1) 科目の論点

　教育研修費とは、事業主や従業員のセミナーの研修費や、専門技術、資格の取得費用、語学研修等の費用が該当します。

　事業主に対するものは、必要経費と家事費に区分され、従業員に対するものは、研修費または給与に該当します。

　所得税基本通達37-24では、業務を営む者またはその使用人（業務を営む者の親族でその業務に従事しているものを含む。）が当該業務の遂行に直接必要な技能または知識の習得または研修等を受けるために要する費用の額は、当該習得または研修等のために通常必要とされるものに限り、必要経費に算入するとされています。

(2) ケーススタディ

QA15-1 英会話研修費

Q ①歯科医師Xは、外国人の患者は少数ですが、海外の学会に出席することもあるため、英会話のスクールに通い、20万円を支払っていますが、この費用は必要経費に算入できますか。

②飲食店を営んでいるYは、外国人の利用客の増加により、業務に必要なため、従業員に英会話のスクールの費用を負担していますが、必要経費に算入できますか。

A ①歯科医師Xの英会話スクールの費用については、業務の遂行上必要不可欠なものと認められないため、必要経費に算入できないものと考えられます。

②飲食店で働いている従業員の英会話スクールの費用については、業務の遂行上直接必要であると認められる場合は、必要経費に算入できると考えます。

解説

英会話の研修費用が必要経費に算入できるかどうかについては、業務の遂行上必要であることを明らかにする必要があります。

①のケースは、歯科医師Xの英会話スクールの費用については、外国人の患者を診療するために語学を学ぶのではなく、学会に参加するためのものであるとしています。

海外の学会における活動のために業務の遂行上必要であるとしても、英会話研修のすべてが所得を生ずべき業務の遂行上直接必要な経費とは認められないと考えられます。

②のケースは、飲食店の利用客に外国人が増加している点や、注文や会計をするのに英会話は必要である等の状況を勘案し、業務の遂行上必要なものと認められるのであれば必要経費に算入できるものと考えられ

ます。

(3) 裁決・判決例の傾向

> **裁決・判決例 15-1　民謡酒場業の民謡習得費用**
> （東京地裁・昭和53年２月27日判決（有罪・控訴）
> 　　　　　　　　　　　　　　　　　　　TAINS　Z999-9077参照）
> （最高裁・昭和54年６月４日判決（棄却・確定）
> 　　　　　　　　　　　　　　　　　　　TAINS　Z999-9112参照）
>
> ① 事案の概要
> 　民謡酒場等を経営していたＸは、従業員（家族従業員を含む。）に民謡の知識を習得させるための費用を負担していましたが、業務遂行上直接必要なものとして必要経費に算入された事例です。
>
> ② 判決の内容
> 　民謡がそれ自体個人的な趣味、娯楽性をもつものであるとしても、民謡に習熟するために支出したことが民謡酒場という事業の業務と関連性があり、専ら業務の遂行上の必要性にもとづくと認められる限り、通常かつ一般的に必要経費とされるのが相当であると判示されました。
>
> ③ 実務上の留意点
> 　民謡というと一般的に、趣味や娯楽であるといえますが、民謡酒場に来店する顧客との応待が必要不可欠であり、家族従業員についても認められているのは、一般の従業員と区別することなく、費用を負担していることがポイントであると考えられます。

裁決・判決例 15-2 大学の特別研究生の学費

（平成13年9月27日裁決（棄却） TAINS　F0-1-152参照）

① 事案の概要

歯科医業を営むXが歯科医院を開業した後に、大学の歯科麻酔学の特別研究生として支払っていた学費について必要経費に算入できないとされた事例です。

② 裁決の内容

Xは、本件学費は麻酔に関する研究を行うために支出したものであり、歯科医業に係る所得を生ずべき業務について生じたものとして必要経費に該当すると主張しました。それに対して、審判所は、学費を支出することにより、歯科医業に関する有益な知識を習得するとともに、学位を取得することとなれば歯科医業務に何らかの利益をもたらすことであろうことは否定しないものの、本件学費については、学位を取得していなくても、通常歯科医業の遂行は可能であり、業務の遂行上必要であったか、明らかではないとしています。また、学位を申請する資格を得ようとするために特別研究生としての身分に基づき支出されたものであり、その主たる目的が、学位という一身専属的な新しい地位を獲得することにあることから、その費用は請求人自身のいわば教育費と認められるとされます。本件学費を支出することが、主としてXの歯科医師の業務遂行上の直接の必要性に基づくものであると客観的に認めることはできないし、かつ、通常の必要性に基づくものとはいえないため、本件学費を事業所得の金額の計算上必要経費に算入することはできないと判断されました。

③ 実務上の留意点

学位取得にかかる入学金や授業料は、業務にかかる必要経費に算入されないと考えられます。これは学位取得が業務に関連するというよりも、一身専属的なものと考えられるからです。

第3章

青色事業専従者給与

第3章　青色事業専従者給与

1　青色事業専従者給与とは

(1) 専従者給与と専従者控除の概要

　生計を一にしている配偶者その他の親族が、事業主の経営する事業に従事している場合、事業主がこれらの者に給与を支払うことがあります。

　これらの給与は原則として必要経費にはなりませんが、次のような特例が認められています（所法57）。

① 　青色申告者の場合は、一定の要件のもとに、実際に支払った給与の額を必要経費とする青色事業専従者給与の特例

② 　白色申告者の場合は、事業に専ら従事する家族従業員の数、配偶者かその他の親族かの別、所得金額に応じて計算される金額を必要経費とみなす事業専従者控除の特例

　ただし、青色申告者の事業専従者として給与の支払いを受ける場合や白色申告者の事業専従者は、配偶者控除または扶養控除の対象とはされません（所法2①三十三、三十四）。

(2) 青色事業専従者の要件

　青色事業専従者とは、次の要件のいずれにも該当する者をいいます（所法57①、所令165）。

① 　青色申告者と生計を一にする配偶者その他の親族であること

② 　その年の12月31日現在で年齢が15歳以上であること

③ 　その年を通じて6月を超える期間（一定の場合には事業に従事することができる期間の2分の1を超える期間）、その青色申告者の営む事業に専ら従事していること

(3) 青色事業専従者給与に関する届出

　青色事業専従者給与の特例の適用を受けるためには、「青色事業専従者給

与に関する届出書」を納税地の所轄税務署長に提出する必要があります（所法57②）。

提出期限は、青色事業専従者給与額を算入しようとする年の3月15日（その年の1月16日以後、新たに事業を開始した場合や新たに専従者がいることとなった場合には、その開始した日や専従者がいることとなった日から2か月以内）までとされています。

なお、この届出書には、青色事業専従者の氏名、職務の内容、給与の金額、支給期などを記載することとされています（所規36の4①）。

また、届出の給与の金額を変更する場合や新たに専従者が加わった場合は、遅滞なく、「青色事業専従者給与に関する変更届出書」を提出する必要があります（所規36の4②）。

(4) その他の留意事項

青色事業専従者給与として認められる金額は、前述の届出書に記載されている方法により支払われ、かつ、その記載されている金額の範囲内で支払われたものとされています。

また、その金額は労務の対価として相当であると認められる金額である必要があり、過大とされる部分は必要経費とはなりません。

2 不動産所得と青色事業専従者給与

(1) 青色事業専従者給与の適用対象となる所得

青色事業専従者給与の特例は、青色申告者で不動産所得、事業所得または山林所得を生ずべき「事業」を営んでいる場合に適用されます（所法57①）。

(2) 不動産所得と青色事業専従者給与

例えば、建物の貸付けが不動産所得を生ずべき事業として行われているか

どうかは、社会通念上「事業」と称するに至る程度の規模（事業的規模）で建物の貸付けを行っているかどうかにより判定すべきとされています（所基通26－9）。

一方で、次に掲げる事実のいずれかに該当する場合または賃貸料の収入の状況、貸付資産の管理の状況等からみてこれらの場合に準ずる事情があると認められる場合には、特に反証がない限り、事業として行われているものとすることが認められています（形式基準）。

① 貸間、アパート等については、貸与することができる独立した室数がおおむね10以上であること
② 独立家屋の貸付けについては、おおむね5棟以上であること

不動産所得について事業的規模の判定を行う場合、この形式基準を採用することにより、青色事業専従者給与の適用を検討することが一般的に行われていると考えられます。

裁決・判決例 2-1　「事業」と称するに至らないとされた裁決例
（昭和54年9月26日裁決　TAINS　Z18-2-08参照）

納税者甲は某会社に勤務しながらアパートを所有し、その賃貸に係る不動産所得について青色申告書の提出をしているが、

・本件アパートは、請求人の住居と同一の敷地内にあり、その規模は独立した部屋数が4で、入居契約者も3名程度の小規模な貸付けであること
・その貸付けから生ずる賃貸料は、固定資産税、管理費、減価償却費等所要の経費にも満たない金額であること
・甲は某会社に勤務して安定収入を得、生活費の大部分は給与収入によってまかなっていること

により、本件アパートの貸付けは社会通念上事業と称するに至る程度の規模とは認められず、したがって、本件アパートの貸付けによる不動産

所得の計算上、甲が青色事業専従者として妻乙に支払ったとする給与の額は青色事業専従者給与の額に該当せず、必要経費に算入することはできない。

QA2-1 共有物件である賃貸アパートの事業的規模の判定

Q 私は妻と2分の1ずつの共有で全16室の賃貸アパートを所有し、賃貸の用に供しています。

この場合、建物全体の16室で事業的規模の判定を行ってよろしいでしょうか。

A 事業的規模の形式基準では、賃貸アパートのような場合、貸与することができる独立した部屋数がおおむね「10以上」であることとされています。

共有持分によって部屋数を按分して判定されることとなれば、ご質問のケースでは夫婦とも16室（全体の部屋数）× 1/2（各人の共有持分）＝ 8室ということになり、10室未満となります。

しかし、このような場合は、全体の部屋数を基準に判断して差し支えのないものとされています。

したがって、特に問題のない限り、夫婦ともに「事業的規模による貸付け」に該当することになります。

3 青色事業専従者の要件の検討

(1) 「生計を一にする」とは

「生計を一にする」とは、必ずしも同一の家屋に起居していることではなく、

次のような場合も該当することになります（所基通2－47）。
① 勤務、修学、療養等の都合上、他の親族と日常の起居を共にしていない親族がいる場合であっても、次に掲げる場合に該当するとき
　一　当該他の親族と日常の起居を共にしていない親族が、勤務、修学等の余暇には当該他の親族のもとで起居を共にすることを常例としている場合
　二　これらの親族間において、常に生活費、学資金、療養費等の送金が行われている場合
② 親族が同一の家屋に起居している場合（明らかに互いに独立した生活を営んでいると認められる場合を除きます）

したがって、必ずしも一方が他方を扶養する関係であることや、同居していることを要することではありません。

また、同一の家屋に起居している場合は、明らかに互いが独立した生活を営んでいると認められる場合を除いて、「生計を一にする」こととして取り扱われます。

裁決・判決例 3-1　「生計を一にする」ものとされた判決例
（東京高裁・平成13年5月16日判決　TAINS　Z250-8897参照）

① 納税者側の主張
　一　納税者の電話番号が父親と同一であることや、食事を共にすることのみで、生計を一にすると断定することはできない。
　二　納税者と父親は、同一事業に従事しておらず、社会保険も別団体である。
　三　納税者は専ら自己のために使用する乗用車を所有し、燃料費も独自に支払っている。
　四　納税者と父親は、冠婚葬祭への対応も独自に対応しており、場合によっては双方が対応することもしばしばあった。

五　したがって、納税者と父親は生計を一にしていない。
② 　高裁の判断
　納税者の家族と父親の家族が同一の建物内で寝食を共にしていること、住民票上も父親を世帯主とする同一世帯であること、光熱費等について内部的には一応の負担割合が定められているものの、納税者と父親との間で実額精算が行われているとは認められないことなどを考慮すると、たとえ、納税者と父親が同一の勤務先に勤めていないこと、社会保険の加入団体が別であること、納税者が自己のために使用する乗用車を所有し、燃料も独自に支払っていること、冠婚葬祭等の対応も別々に行っていることなどの事情があるとしても、これらは納税者や父親とは独立した生活を営んでいると認める事情としては不十分というべきであり、納税者と父親とは、生計を一にしている関係にあるというべきである。

　この判決例から、「明らかに互いに独立した生活を営んでいる」か否かについては、相当の判断を行う必要があると考えられます。なお、生計を別にしていたと認められた事例として、次の裁決例があります。

裁決・判決例 3-2　生活を別にしていたと認められた裁決例
（平成5年10月22日裁決　TAINS　F0-1-041参照）

　納税者は当審判所に対し、父と生計を別にしていた証拠資料として、①入居時の契約金の領収証、②貸室賃貸借契約書、③居住時の領収証、④居住時の水道料金等領収証、⑤居住時のガス料金等領収証、⑥本件家屋の増築に伴う請求書及び領収証、⑦住まいの間取り図及び⑧本件家屋の登記簿謄本を提出した。
　そこで、当審判所が上記証拠資料並びに請求人らの居住状況等を調査した結果は、次のとおりである。

> ・　本件家屋に係る登記簿謄本によれば、本件家屋は父名義で店舗兼居宅、木造２階建78.76㎡とする所有権保存の登記がなされ、その後増築変更登記は行われていないが、本件家屋の増築に伴う請求書及び領収証によれば、本件家屋の増築が行われていること
> ・　請求人は、本件家屋の増築部分の完成以降はその増築部分に居住していること
> ・　住宅の構造については、玄関は１か所であるが、台所は父が居住する１階部分と請求人が居住する２階部分にそれぞれ設置され、本件家屋における請求人らとその家族の居住区分は明確に区分されていると認められること
>
> これらの事実に、請求人の「お互い生活のスタイルが異なり、食事の内容及び時間帯あるいは食費の負担もそれぞれ別々である」旨の主張を勘案すれば、請求人らがたとえ一つ屋根の下に居住していたとしても、生計を一にしていたとは認められない。

(2)　「事業に専ら従事する」とは

① 原則

「事業に専ら従事する」とは、原則として、その年を通じて６月を超える期間について事業に従事することをいいます（所令165①）。

② 例外

次のような場合には、その事業に従事することができると認められる期間を通じて、その２分の１に相当する期間を超える期間についてその事業に専ら従事すれば該当することになります（所令165①ただし書）。

　一　その事業が年の中途における開業、廃業、休業またはその事業者の死亡、および事業が季節営業であることその他の理由によりその年中を通じて営まれなかったこと

　二　その事業に従事する者の死亡、長期にわたる病気、婚姻その他相当の

理由によりその年中を通じてその居住者と生計を一にする親族としてその事業に従事することができなかったこと

なお、この場合の「その他相当な理由」には、縁組、離婚等による身分の異動や、疾病または障害による心身の障害、就職、退職、入学、退学によるもの等が該当するものとされています。

ただし、例えば、本年5月まで青色事業専従者であった子が、「受験勉強」のために6月よりまったく事業に従事しなくなったような場合は、「その年を通じて6月を超える期間について事業に従事すること」には該当せず、また、「その他相当の理由によりその年中を通じてその居住者と生計を一にする親族としてその事業に従事することができなかったこと」にも該当しないため、その年については、5月までの青色事業専従者給与は必要経費に算入することはできないと考えられます。

③ 「事業に専ら従事する」期間に含まれない期間

次に掲げる期間は、「事業に専ら従事する」期間に含まれないものとされています（所令165②）。

一 高校・大学・専修学校・各種学校などの学生または生徒である者

ただし、夜間において授業を受ける者で昼間を主とするその事業に従事するもの、昼間において授業を受ける者で夜間を主とするその事業に従事するもの、その他常時修学しない場合など、その事業に専ら従事することが妨げられないと認められる者は除かれます。

二 他に職業を有する者

ただし、その職業に従事する時間が短い場合など、その事業に専ら従事することが妨げられないと認められる者は除かれます。

三 老衰その他心身の障害により、事業に従事する能力が著しく阻害されている者

④ 判決例・裁決例による「事業に専ら従事する」ことの留意点

一 判決例・裁決例をみると、「事業に専ら従事」しているか否かについての判断は、事実認定によることが窺えます。

第3章　青色事業専従者給与

(イ)　業務の内容等

認められなかったケース	認められたケース
留守番は自宅の留守番を兼ねており、事業のために特に行っている事ではない（事例1、160ページ参照）。	事務所に出勤することなく自宅において、文書作成の補助事務、事件記録の保管等に携わるなど、業務の補助的事務に従事していることが認められる（事例5※、172ページ参照）。
来客のお茶接待は一時的に行われるにすぎず、その内容も重いものではない（事例1）。	収入の管理、支払事務、給与計算事務、人事管理事務、各種関係機関への届出事務、冠婚葬祭への対応等、事業に幅広く携わっており、このことは各種資料の筆跡、従事状況及び従業員の答述等の状況からも明らかである（事例6※、176ページ参照）。
事業の中心である業務についてはまったく手伝いをしていない（事例1）。	
週末に事務所に行き作業環境整備を行っていたとしても、業務に従事していると評価できるものではない（事例2、162ページ参照）。	
自宅における経理の仕事については、事業主の指示を受けて家計簿を作成するがごとく、家計の管理業務を行う一環として行っていたものにすぎない実態であった（事例2）。	
資格を有することが、競争入札に参加する上で貢献したとしても一時的なものにとどまり、実際に他の従業員を指導し、現場で検査するといった業務を行っていない（事例3、165ページ参照）。	

※　事例5、事例6は認められたケースとなります（次ページ(ロ)、(ハ)も同じ）。

　　以上のことから、「従事する業務の内容」を検討し、また、「従事した業務の記録」等を管理・保管する必要があると考えられます。

3 青色事業専従者の要件の検討

(ロ) 相互扶助の範囲

認められなかったケース	認められたケース
現場を見回るに際し自動車を運転して送迎することがあったとしても、目に障害を有する事業主が運転するには危険が伴うことも考慮すると、その労務提供は、その労務の性質も考慮すると、夫婦間の情愛に基づく協力行為にとどまるというべきものである（事例3、165ページ参照）。	日常生活の延長として業務に協力するという夫婦間の通常の相互扶助的性格のものが存在していることは否定できないものの、従事内容、従事の程度等に照らせば、業務の補助的事務に「専ら従事」していると認めるのが相当である（事例5、172ページ参照）。

以上のことから、前述(イ)のとおり「従事する業務の内容」や、「従事する時間」を検討する必要があると考えられます。

(ハ) 業務に従事する期間（時間）

認められなかったケース	認められたケース
納税者の主張は勤務時間を過大に見積もっていると見受けられ、主張する算定方法によっても、事業に従事した稼働時間が他の従業員の勤務時間の4分の1を超えることはない（事例2、162ページ参照）。	他に職業を有するなど専従を妨げる要因がある場合を除き従事し得る状態にあれば、業務に必要な時間以外の時間に家事等に従事していたとしても、直ちに「専ら従事」に該当しないものということはできず、事業の態様及び従事した業務の態様、時間、性質等を勘案して判断すべきである（事例5、172ページ参照）。
当事者は関連法人の従業員に指示を行い、従業員から報告を受けるなど、いずれも関連法人の取締役ないし代表取締役として、業務を指揮監督していたものと認められる。関連法人の役員である期間は、事業専従期間に含むことができないから、各年分における事業専従期間は6月を超えない（事例4、169ページ参照）。	当事者が関連法人の代表取締役として、経常的に従事しなければならない業務は振込入金された家賃の管理程度であって、その事務量はわずかであり、事業に専ら従事することの妨げにはならないと認められる（事例6、176ページ参照）。

事例2と事例5を見ると、一方では青色事業専従者と他の従業員の勤務

時間の比較を判断の基準としており、また、他の一方では「事業に従事できる」状態にあれば、該当しないということはできないとしています。

この部分については 事例5 のとおり、事業主の事業の態様および従事した業務の態様、時間、性質等を総合的に勘案して検討する必要があると考えられます。

また、その事業の関連法人の役員を兼務するなど、「他に職業を有する者」については、「その職業に従事する時間が短い者その他その事業に専ら従事することが妨げられないと認められる者」に該当するか否か、実質的な検討が必要となります。

なお、事例4 のケースでは、事業主の事務所と関連法人の事務所等の所在地が同じである場合には、役員としての職務を「常に遂行し得る状態」にあったと判断されているため、特に注意が必要です。

⑤ 「事業に専ら従事する」ことの最近の判決例・裁決例

「事業に専ら従事する」とは認められないと判断された事例4選

事例1　静岡地裁・平成24年4月26日判決（棄却、確定）

TAINS　Z262-11939参照

① 課税当局側の主張

課税当局側は、妻乙は設計監理の手伝いはまったくしておらず、留守番、電話番、来客へのお茶出しなどを行っていたにすぎないのであるから、乙の作業は妻という立場での納税者の援助行為と評価すべきものであって、また、その作業も短時間でされていたことが認められ、「事業に専ら従事」していたとは認められないと主張しています。

② 納税者側の主張

納税者側は、乙は留守番、電話番、お茶接待に加えて対外文書のチェックや銀行窓口での通帳管理も担当しており、勤務の実態は認められると主張しています。

③　地裁の判断

　地裁は次のとおり、乙は「事業に専ら従事する」とは認められないと判断しています。

一　納税者甲は住所地において、「A事務所」という屋号で建築設計、施工業を営んでいる。

二　乙は留守番、電話番、来客のお茶接待を行っているが、設計監理の手伝いはまったくしておらず、経理及びパソコンの操作は自身が行っていること、甲の事務所は自宅を兼ねているため、留守番については仕事及び家事の両方を兼ねていること、電話の取り次ぎについては、基本的には甲の携帯電話に転送する設定になっているが、この設定を忘れたときなどにかかってきた電話を乙に取り次ぐなどしていることがそれぞれ認められる。

三　上記二の事実を前提に検討すると、乙が行っている留守番は自宅の留守番を兼ねており、事業のために特に行っている仕事ではないこと、電話の取り次ぎは設定を忘れた例外的場合に行っているのであって、頻繁に行っているものとは認められないこと、来客のお茶接待は一時的に行われるにすぎず、その内容も重いものではないと考えられること、甲の事業の中心である設計監理業務についてはまったく手伝いをしていないことからすれば、乙が行っている業務は、その労務内容、作業量いずれをとっても、甲の事業に専ら従事すると評価することはできないものというべきである。

四　乙は対外文書のチェック、銀行窓口での通帳管理も担当していたなどと主張するが、証拠によれば、乙は異議申立時の調査でこれらの作業について何ら言及していない事実が認められる上、他に乙がこれらの作業を行っていたことを示す証拠は存在しないのであって、これらの作業を乙が担当していたものとは認められない。

> **事例2** 千葉地裁・平成22年2月26日判決（棄却、控訴）
>
> TAINS　Z260-11389参照
>
> 東京高裁・平成22年10月20日判決（棄却、確定）
>
> TAINS　Z260-11536参照

① 課税当局側の主張

　課税当局側は、納税者甲弁護士は法律事務所で事務員2名を雇って重要な事務を担当させていて、その妻乙が担当したとの客観的な証拠は無いし、家事育児等の負担もあったから「事業に専ら従事するもの」とはいえないと主張しています。

理由

　一　甲が本件自宅以外の場所で営業していた本件事務所においては、甲のみならず、常時2名の事務員を雇っていた。

　二　特に、弁護士業務において重要な事務をA事務員が担当しており、事業所得の金額の計算の基礎となる総勘定元帳もAが作成したものであり、税務申告書類の作成は税務代理人税理士に委任したものである。

　三　納税者の妻乙が本件事務所で弁護士業務に従事した形跡はない。

　四　乙が弁護士業務に従事していたと客観的に認められるのは、自宅集計分経費の集計及びこれに伴う領収書の用紙への貼付のみであり、その事務量は極めて僅少なものに過ぎず、その他甲が主張する事業に乙が従事していた事実を認めるに足る客観的な証拠がまったく提出されていない。

　五　甲と乙の間には扶養親族である4人の子供がおり、甲は自己の弁護士業務が繁忙である旨主張していることに鑑み、4人の子供に係る家事は専ら乙が担当せざるを得ない状況にあったと認められ、さらに乙は、このほかにも主婦として家事一切を担当していたものと認められることからすると、乙が専ら原告の営む弁護士業に従事し

ていたとは認めがたい。

六　乙が「専ら」原告の営む弁護士業に従事する者であるとすれば、本件事務所をその主たる勤務場所として甲の弁護士業務に従事していることが社会通念上、通常である。

七　なお、仮に乙が調査担当者に主張したように、来客者の対応、郵便物の投函、原告の書類作成の補助等の労務を行っていたとしても、それらの業務はいずれも本件自宅で行われたものであり、その業務はいずれも社会通念上甲の営む事業を配偶者あるいは家族として補助したにすぎないものであって、これをもって専ら甲の営む事業に従事する状況にあったとみることはできない。

A事務員の業務	妻乙の業務
事務所における弁護士業務において重要な事務	自宅集計分経費の集計及びこれに伴う領収書の貼付
事業所得の金額の計算の基礎となる総勘定元帳の作成	自宅における来客者の対応、郵便物の投函、書類作成の補助等

② 納税者側の主張

納税者側の主張は次のとおりです。

一　課税当局が更正等を行えるのは、「青色事業専従者と評価できるか否か」という観点からではなく、「その給与が適正であるか否か」の観点からである。

　にもかかわらず、課税当局は実質的な判断を行い、乙の従事が単なる手伝い程度であり、社会通念上原告の営む事業を原告の配偶者あるいは家族として補助したにすぎないとして、青色事業専従者にあたらないとしたのであるから違法である。

二　甲が本件自宅で多くの事務を処理し、その補助を乙が行っていた

のであり、A事務員が事業における重要な事務を処理していたとはいえない。

　　また、弁護士業における経理作業の比重は低い上に、Aは本件事務所の売上や経費を集計するのみで、総勘定元帳は公認会計士の事務所に委託して作成していたにすぎない。

三　乙は土曜日及び日曜日に本件事務所に行き、同事務所の作業環境整備などをしている。

四　子供は4人いるが、長男及び次男は大学生、三男は浪人中、四男は中学生とすでに手がかからない年頃であるから、このことによって、乙が弁護士業務の補助作業をすることができなかったとはいえない。

③　地裁の判断

　地裁は次のとおり、「事業に専ら従事する」とは認められないと判断しています。

一　所得税法では、青色事業専従者給与の特例が認められるための要件を定めているが、「専ら従事する」の意味を具体的に規定する定めは置かれていない。

　　しかしながら、「事業に専ら従事している」ことの要件は、緩和的に解釈されるべきではなく、その実態があると認められる場合に限って適用されるべきであると解される。

二　乙は日常の生活を基本的には専業主婦として過ごしており、週末に法律事務所に行き同事務所の作業環境整備を行っていたとしても、これをもって弁護士業務に従事していると評価できるものではなく、自宅における経理の仕事については、甲の指示を受けて家計簿を作成するがごとく、家計の管理業務を行う一環として行っていたものにすぎない実態であったと推認するのが相当である。

三　自宅業務の補助については比較的多岐にわたるが、総じてその業

務量はさほど多くはなかったものと推認され、さらに、甲の業務の内容が専門的な知識と経験が必要である経営コンサルタント、事業再生及び企業の訴訟等であったことからすると、甲が自宅で行っていた訴訟の書面の作成等の業務は、他の者が代替して行うことは困難であり、その文書の整理等に相当な時間がかかるとは考えがたい。

したがって、乙がその補充業務を相当程度行っていたと認めるには足りないというべきである。

④ 高裁の判断

一 納税者側の主張（追加）

納税者側は高裁に控訴した際に、法律事務所の事務員の勤務時間は平成16年において1,398時間であり、乙の同年の事業に従事した時間は834時間であるから、事務員の勤務時間の半分である699時間を遙かに超えているので、乙は青色事業専従者に当たることは明らかであり、他の本件係争年度においても状況は同じであると主張しています。

二 高裁の判断

高裁の判断も地裁判決と同旨の内容となっていますが、加えて、上記一の納税者の主張は全体に乙の勤務時間を過大に見積もっていると見受けられ、甲の主張する算定方法によっても、乙が事業に従事した稼働時間が事務員の勤務時間の4分の1を超えることはないと推定されるとしています。

事例3 富山地裁・平成22年2月10日判決（棄却、確定）

TAINS　Z260-11376参照

① 納税者側の主張

納税者側は次のとおり、「事業に専ら従事」していることを主張しています。

一　運転業務

　納税者甲は、防水工事の作業内容や手順等を決めるため、また、職人がさぼっていないかなど施工状況や進捗状況を確認するため、昼間や夜間に現場を見回っており、富山県を中心に常時20から30箇所の作業現場を抱え、特に作業現場は富山県内でも黒部市等遠隔地が多かった。

　甲は視野欠損の障害があり、自ら自動車を運転するのが困難であったため、妻乙が現場まで自動車を運転して甲を送迎しており、週に3、4回、3～4時間に及ぶ運転業務に従事していた。

　また、甲が確認の必要な現場を思いつくや否や直ちに乙に電話を架けて現場に向かっていたため、乙はこれに応じるべく待機していた。

　このような運転業務は、夜間に及ぶこと、職人の監視という内容から、他の従業員には頼めないものであった。

二　乙によるビルメンテナンス業務

　乙は、建築物環境衛生管理技術者、貯水槽清掃作業監督者の資格を有していが、甲は資格を有していなかったため、乙がこのような資格を有することによって、甲はビルメンテナンス業を開始することができた。

　また、乙は甲に対し、ビルメンテナンス業務に関する知識を随時提供していた。

三　乙による営業活動

　乙の営業活動によりB、Cなどの顧客を獲得した。

　また、乙は甲が顧客、取引先の冠婚葬祭等に出席するのに運転手として同行し、甲とともに出席するなど接遇を行っている。

② 課税当局側の主張

　課税当局側は次のとおり、「事業に専ら従事」しているとは認められないと主張しています。

一　乙による運転業務

　乙が甲の事業に係る自動車の運転業務をしていたとは認められない。

　甲が青色事業専従者給与として届け出た乙の仕事内容は「ビル管理部門」とされており、乙が運転業務に従事しているとの点については、審査請求の際に提出された乙作成の申立書に至るまで触れられていないことなどからすると、甲の供述は信用できない。

　仮に乙が自動車で送迎したことがあったとしても、配偶者又は家族として補助したにすぎない。

二　乙によるビルメンテナンス業務

　乙は甲の事業所等で他の従業員に指示するなどの管理的業務を行ったことも、現場において検査業務を行ったこともない。

　建築物環境衛生管理技術者及び貯水槽清掃作業監督者の資格は、他の従業員も有していたから、乙がいなければ富山県が締結する庁舎等の清掃、各種設備の保守点検等の役務の提供を行う契約の競争入札に参加できないとか、ビルメンテナンス業が遂行できないものでもない。

　また、ビルメンテナンス業の資格を有しているというのみでは、青色事業専従者であると評価することはできないし、甲がビルメンテナンス業務を行う上で乙に質問し、これに回答していたとしても、配偶者あるいは家族として補助していたにすぎない。

三　乙による営業活動

　乙が友人を紹介し、それが甲の売上げにつながったとしても、乙の人的関係に基づく一時的、偶発的な売上げにすぎず、これをもって、乙が営業活動をしていたということはできない。

③　地裁の判断

地裁は次のとおり、「事業に専ら従事する」とは認められないと判断しています。

一　甲は、妻乙が週に３、４日、昼間又夜間に３時間ないし４時間に及ぶ運転業務に従事していたと主張するが、原告が提出した「青色事業専従者給与に関する変更届出書」には、乙の「仕事の内容・従事の程度」として「ビル管理部門　総務・経理の総責任者」と記載されているところ、かかる記載から「運転業務」に従事していたと理解することは困難であるし、実際、乙は経理の仕事には携わっていなかったものである。

二　乙は原告が現場を確認する際には自動車内に待機していたにすぎなかったものである。

　　さらに、乙作成の申立書には「夫は、各現場の見回り・監督を昼の仕事の終了後夜に行っており、この時私も同行していました」との記載があり、昼間の見回りについては全く触れられていない。

　　乙が行っていたとする業務に関する甲の主張には変遷があり、その主張の主要部分について理由がないと認められること、乙は甲の従業員の立場にあることを考慮すると、他に甲の主張を裏付ける客観的証拠がない以上、甲の供述部分等は採用することができない。

三　甲が夜間防水工事の現場を見回るに際し、乙が自動車を運転して送迎することがあったとしても、目に障害を有する甲が自動車を運転するには危険が伴うことも考慮すると、甲が現場を見に行きたいといえば妻である乙としてはそれに応じて自動車で送迎するのは通常であるといえ、乙の労務提供は、その労務の性質も考慮すると、夫婦間の情愛に基づく協力行為にとどまるというべきものである。

四　乙は建築物環境衛生管理技術者、貯水槽清掃作業監督者の資格を有していたが、青色事業専従者といえるためには実際に事業に従事する必要があり、単に資格を有するだけでは足りないところ、他の従業員にもその資格を有する者がいたのであるから、清掃等の役務の提供を行う契約の競争入札に参加することは可能である。

仮に乙が資格を有することが競争入札に参加する上で貢献したとしても、一時的なものにとどまり、乙が実際には他の従業員を指導し、現場で検査するといった業務を行っていない以上、そのことのみで乙がビルメンテナンス業に専ら従事していたとは認められない。

　　なお、乙が資格の取得、保有のために相当の勉強時間を費やしていたとしても、ビルメンテナンス業に従事していたことになるものでもない。

五　そのほか乙が事業に専ら従事していたことを認めるに足りる証拠はないから、青色事業専従者に該当するとは認められない。

事例4　平成26年2月4日裁決（却下）　TAINS　F0-1-530参照

① 基礎事実の確認

基礎事実については次のとおりです。

一　納税者甲は、個人で税理士業（本件事業）及び不動産貸付業を営むほか、次の各関連法人の取締役等を務めている。

　・　不動産の賃貸借・管理、その代理仲介に関する業務及び不動産の清掃業務などを行うA社の取締役。

　・　経営コンサルタント業務、都市開発・土地開発に関する設計、建築工事の請負及びコンサルタント業務などを行うB社の代表取締役。

　・　建築コンサルタント業務、不動産の売買・交換・貸借・管理及びその代理仲介に関する業務などを行うC社の代表取締役。

二　甲の妻乙は、平成12年7月24日からB社及びC社の各取締役に、平成19年9月26日からA社の代表取締役にそれぞれ就任した。

② 納税者側の主張

納税者側は次のとおり、「事業に専ら従事」していることを主張して

います。
- 一　妻乙が従事している各関連法人及び本件事業の業務の１日あたりの平均従事時間は、Ａ社は45分、Ｂ社及びＣ社は各30分以内であり、本件事業は７～８時間であるから、各関連法人の業務の従事時間は短いといえる。
- 二　乙が本件事業において従事している業務内容はその事業の重要部分であるが、各関連法人において従事している業務内容はいずれも軽微なものである。
- 三　したがって、乙は１年を通じて本件事業の業務に従事しており、専ら従事する期間が各年分のいずれの年においても６月を超えているから、青色事業専従者に該当する。

③　課税当局側の主張

課税当局側は次のとおり、「事業に専ら従事」しているとは認められないと主張しています。
- 一　乙は各関連法人の役員として、日々従業員に対して個別具体的な指示を出すなどして、法人の事務管理や資金管理等の重要な業務を主体的に行っており、特に、Ａ社においては、代表取締役として、同社の業務上の責任を負う立場にある。
- 二　また、乙は調査担当職員に対し、本件事業及び各関連法人の業務に１日あたり計12時間程度従事しており、このうちＡ社の業務の従事時間は概ね１日３時間程度、Ｂ社及びＣ社の業務の従事時間は１日各１～２時間程度である旨申述している。

　同申述によると、乙は１日の総労働時間12時間のうち、各関連法人に係る業務に６時間を費やしていたと認められる。
- 三　したがって、乙が各関連法人の業務に従事する期間は「事業に専ら従事する期間」に含まれず、本件事業に従事する期間は各年分のいずれの年を通じても６月を超えないから、青色事業専従者に該当

しない。

④　審判所の判断

審判所は次のとおり、「事業に専ら従事する」とは認められないと判断しています。

一　乙が各関連法人の業務に従事している場所や時間帯は、本件事業の業務遂行の場所及び時間帯と一致しており、また、乙自身が本件事業の業務と各関連法人の業務の従事時間を区分することはできず、従事する時間帯も明確に区分できないことを答述していることからすると、乙は本件事業の業務と各関連法人の業務を時間的空間的に区別することなく、同時並行で随時行っていたものと認められる。

二　<u>乙は各関連法人の従業員に指示を行い、従業員から報告を受けるなど、いずれも各関連法人の取締役ないし代表取締役として、業務を指揮監督していたものと認められる。</u>

　　会社の取締役は、その立場上、常にその会社の業務に注意を払う必要があり、特に代表取締役は、対外的に会社を代表し、対内的に業務全般の執行を担当する職務権限を有する機関であり、その代表権の範囲は会社の営業に関する一切の裁判上又は裁判外の行為に及ぶ包括的なものであり、その職責は特に重大である。

三　したがって、まったくの名目取締役であればともかく、名実ともに取締役として職務を遂行し、その対価を得ている者は、会社に対して、常時取締役としての責任を負い、あらゆる業務について指揮、監督し得る状態にある必要があるところ、乙は現に本件事業の業務と並行して各関連法人の業務を遂行し、特に午後には各関連法人の事務所を兼ねる本件事業の事務所に常駐して、各関連法人の取締役としての職務を常に遂行し得る状態にあったと認められる。

四　乙が常に各関連法人の取締役として業務を遂行し得る状態にある

> 以上、各関連法人の具体的な業務をしていない時間があったとして
> も、それによって、「その職業に従事する時間が短い者その他その
> 事業に専ら従事することが妨げられないと認められる者」に該当す
> ると認めることはできない。
> 五　以上のとおり、乙は「他に職業を有する者」にあたり、乙が各関
> 　連法人の役員である期間は、事業専従期間に含むことができないか
> 　ら、各年分における事業専従期間は6月を超えない。
> 六　したがって、乙は本件事業に専ら従事しているとはいえず、青色
> 　事業専従者には該当しない。

「事業に専ら従事する」と認められた事例2選

事例5　平成17年3月17日裁決（一部取消し）　TAINS　F0-1-243参照

① 課税当局側の主張

課税当局側は次のとおり、「事業に専ら従事」しているとは認められないと主張しています。

一　弁護士甲は自宅とは別の場所に事務所を有しており、妻乙はその弁護士事務所に出勤することはなく、自宅において、1日3～4回の電話や年に5～6件の相談者への応対及び甲が持ち帰った事件記録や年賀状関係の名簿の整理等を行い、葬儀等に出席することはあっても、これらに要する1日の従事時間は僅少であり、甲の自宅において長時間にわたり拘束されている必然性はないと認められる。

二　したがって、乙が甲の事業に協力し、上記のような仕事をしていたとしても、それは夫婦間の通常の相互扶助の範囲内のものと認められ、乙の事務の内容、態様、程度に照らせば、「事業に専ら従事する」者に該当しない。

② 納税者側の主張

納税者側は次のとおり、「事業に専ら従事」していることを主張しています。

一 課税当局は、「専ら従事」を判定する尺度を単に「1日の従事時間」に置き、その時間を「僅少」と判断しているが、乙の業務である電話の応対には依頼事件の内容にかかわる深刻、重大なものも含まれ、単に用件を取り次ぐ事務員の単純作業にとどまるものではない。

　乙が電話で実情に即した誠実な対応をすることは、請求人にとって必要な補助作業であり、量においても「僅少」とはいえず、それ以上に質の問題であり、その貢献度は軽視されてはならない。

二 課税当局は、乙の業務の性質を事務所の事務職員と同質とみているが、乙が行う仕事のうち事務職員と同質の純然たる事務的な仕事、すなわち、

- ファクシミリ送受信
- 自宅倉庫の記録の整理、出し入れ
- 郵便物の整理、投函
- 歳暮中元の手配、受取り
- 礼状作成
- 年賀状、暑中見舞等の整理
- 自宅での出納経費の集計、送付

などについては、量的及び時間的尺度で測っても「僅少」ではない。

　まして、郵便物、礼状、歳暮等の相手方の位置付けやそれに相応する配慮等は単純作業とはいえず、事務職員に任せることができない高度の判断作用を伴うものである。

三 課税当局は、乙の行う業務を夫婦間の通常の相互扶助の範囲内のものであると認定しているが、

- 職務上必要なパーティーや葬儀への同伴出席及び代理出席

- ・請求人が自宅で作成する文書（全文書の90％以上）の誤字、脱字の点検
- ・文章の運び、用語の選び方等に対する助言
- ・年平均5～6名で1人当たり3回位自宅に訪れる女性依頼者への応対という弁護士業務の有力な補助役
- ・事務所経営をめぐる請求人の判断を補い、時には左右する助言等

の共同経営者的な業務をもってすれば、課税当局の評価は的外れである。
四　本件更正処分は、弁護士事務所の事務職員の仕事と同質の部分のみ尊重し、事務所に通勤していない点や従事する時間の長短の点のみを評価の尺度としたものであり、弁護士業務と乙の役割という点が全く理解されていない。

③　甲及び乙の答述

甲及び乙の答述は次のとおりです。

一　甲の答述
- ・乙は弁護士資格はないが、昭和30年代から甲が書いた裁判所提出書類を清書してきたほか、裁判所において事件記録の謄写を行ってきた実績があり、現在も、業務上文書の大半を自宅で起案する甲が作成した文書に目を通し、誤字脱字の点検及び文章の運び、用語の選び方等に対する助言を行って文書を訂正し、これを事務所あてにファックスで深夜、早朝にも送信している。
- ・乙は年を通じて住所録の住所等訂正及び喪中等整理を行っており、約3,000件の住所録管理を行っている。
  また、年賀状、暑中見舞状の添書きも乙が行っている。

二　乙の答述
- ・甲は作成する文書のうち、90％程度を自宅で起案するが、その

文書のファックス送信は、乙が行っている。
- 　上記のすべての文書というわけではないが、事務所へファックス送信する前に当該文書の事前チェックをしている。
- 　年賀状は約3,000枚にのぼるが、年賀状受領後、住所録の訂正、整理を行っている。
- 　事件記録が必要になると、事件記録ファイルにより、自宅の庭にある物置２棟に保管されている記録を取り出し、事務所へ送付するなどの記録の入出庫管理を行っている。
- 　中元、歳暮のピーク時には、毎日４～５社の運送会社から５個くらいずつ配達されるので家を空けることはできず、これに対する礼状を送っているほか、電話でお礼をする場合もある。
- 　顧問先役員等の葬儀への代理出席しているほか、クライアントが20名程度いる会合等へ夫婦同伴で出席をしている。

④　審判所の判断

　審判所は次のとおり、「事業に専ら従事する」と認められると判断しています。

　一　「専ら従事」とは、それぞれの事業内容、配偶者その他の親族の職務の内容等により、親族等が従事すべき時間において、その時間のほとんどの時間従事しているか、あるいは従事し得る状態をいうものと解される。

　　したがって、親族等が他に職業を有するなど専従を妨げる要因がある場合を除き、従事し得る状態にあれば、事務に必要な時間以外の時間に家事等に従事していたとしても、これをもって、直ちに「専ら従事」に該当しないものということはできず、事業主の事業の態様及び親族等が従事した事務の態様、時間、性質等を勘案して判断すべきである。

　二　乙は甲の弁護士事務所に出勤することなく自宅において、甲の文

書作成の補助事務、事件記録の保管等に携わるなど、弁護士業務の補助的事務に従事していることが認められる。
三　甲及び乙の答述内容の中に、日常生活の延長として請求人の業務に協力するという夫婦間の通常の相互扶助的性格のものが存在していることは否定できないものの、乙の従事内容、従事の程度等に照らせば、弁護士業務の補助的事務に「専ら従事」していると認めるのが相当で、乙は従事すべき時間において、そのほとんどの時間に従事し、あるいは従事し得る状態にあった中で、事務に必要な時間以外の時間に家事等に従事していたものと認めるのが相当である。
四　課税当局は乙について、「1日の従事時間は僅少であること」及び「自宅において長時間にわたり拘束されている必然性はないこと」から専ら従事しているとは認められない旨主張する。
　しかしながら、課税当局は調査において、乙の従事内容、程度等を記載した上申書の内容を十分に確認しなかったことが認められるから、この点に関する課税当局の主張を採用することはできない。
五　以上のとおり、乙は弁護士業務の補助的事務に「専ら従事」し、各年分において、請求人の青色事業専従者に該当する。

事例6　平成16年6月28日裁決（一部取消し）　TAINS　F0-1-265参照

① 納税者側の主張

　納税者側は、課税当局の調査担当職員は、小児科・内科医業を営む甲の事業に妻乙が従事した実態を確認しようとせず、甲の従業員及び元従業員の申述を不正確にとらえ、また、歪曲するなどして、極めて不十分な根拠に基づいて乙が事業に専ら従事していないとし、乙は次のとおり、経理及び運営の全般にかかわる業務に従事していたことは明らかであると主張しています。

3 青色事業専従者の要件の検討

一　経理事務

　乙は経理の責任者として次のような事務に、１日平均５時間程度従事している。

- 医療（窓口）事務担当者が作成した窓口収入表の内容の確認及び整理
- 甲などが現金で立替払した分の精算
- 請求書等の内容確認及び支払予定表の作成
- 従業員の出勤日数等の確認、給与（賞与）計算、給料台帳及び給与明細の作成、封入
- ファームバンキングへの入力及び預金残高確認
- 診療報酬等の入金確認
- 郵便物の仕分及び整理等

二　労務管理上の業務

- ハローワークへの求人手続及び採用予定者との面接
- 新規採用者及び退職者の社会保険・雇用保険関係資料の作成
- 健康保険の厚生年金保険賞与等支払届及び労働保険料算定基礎賃金報告書の作成等

三　運営上の業務

- 資金繰りについての請求人との打合せ
- 人事管理（婦長等との打合せ）
- 請求人の講演資料の作成等
- 医師会及び官公庁への提出資料の作成
- 冠婚葬祭への対応、書籍・消耗品の購入等及び銀行、税理士事務所等からの照会に対する回答等

② 課税当局側の主張

　課税当局側は次のとおり、「事業に専ら従事」しているとは認められないと主張しています。

第3章　青色事業専従者給与

　一　甲及び乙の申述について、甲の従業員等の申述に照らして検討すると、乙が事業に従事した内容等は、次のとおりである。
　　・　ファームバンキングの入力
　　・　出勤日数からの給与計算（給料台帳の記載）
　　・　職員採用時の一部の者との面接・立会い
　　・　従業員の転退職に関する書類の作成
　　・　銀行及び郵便局での支払
　　・　源泉所得税の納付
　二　また、上記一の事務量は、次のとおりと認められる。
　　・　ファームバンキングの入力に要する時間は、月平均1時間にも満たない。
　　・　給与計算は、原則として月1回程度である。
　　・　職員の面接・立会い及び転退職に関する書頴の作成は、頻繁に発生するものではない。
　　・　銀行及び郵便局での支払は、ファームバンキングによる振込払を行っているため、ほとんど発生しない。
　三　上記一及び二の事実を検討すると、乙は甲が営む事業に従事していたとしても、その事務の内容及び事務量を総合的に勘案すれば、甲の事業に専ら従事していると認められないことから、青色事業専従者には該当しない。
③　審判所の判断
　審判所は次のとおり、「事業に専ら従事する」と認められると判断しています。
　一　<u>乙がA社の代表取締役として、同社が営む不動産賃貸業において経常的に従事しなければならない事務は、振込入金された家賃の管理程度であって、その事務量はわずかであり、このことからすると、甲が営む事業に専ら従事することの妨げにはならないと認めら</u>

れる。
二　乙は窓口収入の管理等、支払事務、給与計算事務、人事管理事務、各種関係機関への届出事務、冠婚葬祭への対応等、甲の営む事業に幅広く携わっており、このことは、事業に関連して作成・保管された各種資料の大部分が甲のものと認められる筆跡により記載されていること、記録簿に記載された従事状況及び従業員の答述等の状況からも、甲の営む事業に専ら従事していたことは明らかである。

　したがって、乙の従事状況は「事業に従事した程度がごく微少」とはいえず、各年分について、青色事業専従者に当たると判断するのが相当である。

4 青色専従者給与に関する届出

 青色事業専従者給与の特例の適用を受けるためには、「青色事業専従者給与に関する届出書」を納税地の所轄税務署長に提出する必要があります(所法57②)。

(1) 届出期限
 青色事業専従者給与額を必要経費に算入しようとする年の3月15日までとされています。
 ただし、その年の1月16日以後、新たに事業を開始した場合や新たに専従者がいることとなった場合には、その開始した日や専従者がいることとなった日から2か月以内までとなります。
 なお、提出期限が土・日曜日・祝日等に当たる場合は、これらの日の翌日が期限となります。
 また、過去に提出している届出書に記載した専従者給与の金額の基準を変更する場合(給与規定を変更する場合、通常の昇給の枠を超えて給与を増額する場合など)や、新たに専従者が加わった場合など、青色事業専従者給与の支給に関して変更する事項があるときは、遅滞なく「変更届出書」を提出する必要があります(所規36の4②)。

(2) **記載内容**

届出書の記載内容は次のとおりです（所規36の4①②）。

- 届出書提出者の氏名、住所（納税地）
- 青色事業専従者の氏名、続柄、年齢、経験年数
- 仕事の内容、従事の程度
- 給与等の金額、支給時期等、昇給の基準
- 他の職業にも従事している場合にはその旨
- 他の使用人の氏名、性別、年齢、経験年数、給与等の金額、支給時期等、昇給の基準
- 変更届出書を提出する場合、その理由
- その他参考事項

第3章　青色事業専従者給与

4 青色専従者給与に関する届出

書き方

1. その年分以後の各年分の青色事業専従者給与額を必要経費に算入しようとする青色申告者(その年に新たに青色申告承認申請書を提出した人を含む。)は、この届出書をその年の3月15日まで(その年の1月16日以後に開業した人や新たに専従者がいることとなった人は、その開業の日や専従者がいることとなった日から2か月以内)に税務署に提出してください。

   なお、この届出書に記載した専従者給与の金額の基準を変更する場合(給与規程を変更する場合、通常の昇給のわくを超えて給与を増額する場合など)や新たに専従者が加わった場合には、遅滞なく変更届出書を提出してください。

2. <u>必要経費となる青色事業専従者給与額は、支給した給与の金額が次の状況からみて相当と認められるもので、しかも、この届出書に記載した金額の範囲内のものに限られます。</u>
   (1) <u>専従者の労務に従事した期間、労務の性質及びその程度</u>
   (2) <u>あなたの事業に従事する他の使用人の給与及び同種同規模の事業に従事する者の給与の状況</u>
   (3) <u>事業の種類・規模及び収益の状況</u>

3. 「1 青色事業専従者給与」の欄は、次の記載例を参考として記載します。

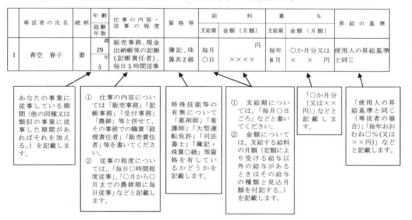

(注) 給与規程の「写し」を添付したときは、この「昇給の基準」欄の記載を省略しても差し支えありません。

4. 「2 その他参考事項」の欄には、専従者が他に職業を有している場合、就学している場合に「○○(株)取締役」「○○大学夜間部」などと記載します。

5. 「4 使用人の給与」欄は、使用人のうち専従者の仕事と類似する仕事に従事する人や、給与の水準を示す代表的な例を選んで記載します。

6. お分かりにならないことがありましたら、税務署にご相談ください。

第3章　青色事業専従者給与

> **裁決・判決例 4-1**　届出書の記載内容に係る判決例
> （富山地裁・平成22年2月10日判決（棄却、確定）
> TAINS　Z260-11376参照）
>
> 　納税者甲は、妻乙が週に3、4日、昼間又夜間に3時間ないし4時間に及ぶ運転業務に従事していたと主張するが、甲が提出した「青色事業専従者給与に関する変更届出書」には、乙の「仕事の内容・従事の程度」として「ビル管理部門　総務・経理の総責任者」と記載されているところ、かかる記載から「運転業務」に従事していたと理解することは困難である。

QA4-1　青色事業専従者給与の額の変更

Q　私は飲食店を営んでいます。
　いままでは調理師免許を持つ私が厨房で料理を担当し、生計を一にする長男は青色事業専従者として、主にホールで接客等を担当していました。
　長男は、主に昼間に事業に従事して夜間は専門学校に通い、この度、調理師免許を取得しました。
　今後は私とともに厨房で調理を担当させる予定であり、また、勤務時間が長くなるため給与の額を見直すつもりですが、いつまでに「変更届出書」を提出すればよいでしょうか。

A　過去に提出している届出書に記載した専従者給与の金額の基準を変更する場合（給与規程を変更する場合、通常の昇給の枠を超えて給与を増額する場合など）は、遅滞なく「変更届出書」を提出する必要があります。
　この場合の「遅滞なく」について、特に法律上の規定はありませんが、

長男に対して変更後の給与を最初に支給するときまでに提出していれば問題ないものと考えられます。

なお、変更後の給与の額は、長男の労務の対価として相当であると認められる金額である必要があります。

QA4-2 事業を相続した者が「青色申告承認申請書」と「青色事業専従者給与に関する届出書」を提出する場合

Q 生計を一にする父の死亡により、私はいままで勤務していた総合病院を退職し、父が開業していた医院を引継ぐことになりました。

同じく生計を一にする母は、いままで父の青色事業専従者でしたが、医院の業務に精通しているため、私自身も母を青色事業専従者にしたいと思います。

「青色申告承認申請書」と「青色事業専従者給与に関する届出書」の提出はどのように行えばよろしいでしょうか。

青色申告をしていた被相続人の事業を承継した場合の「青色申告承認申請書」の提出期限は次のとおりです（所基通144-1）。

- 被相続人の死亡の日がその年の1月1日から8月31日まで
  ⇒ 死亡の日から4か月以内
- 被相続人の死亡の日がその年の9月1日から10月31日まで
  ⇒ その年12月31日
- 被相続人の死亡の日がその年の11月1日から12月31日まで
  ⇒ 翌年2月15日

ただし、「青色事業専従者給与に関する届出書」については、新たに事業を開始した場合はその開始した日から2か月以内とされているのみ

で、被相続人の事業を承継した場合の別段の規定はありません。

したがって、ご質問のケースでは、事業を承継した日から2か月以内に両方の届出をすることになると考えられます。

5 青色事業専従者給与の金額の検討

(1) 労務の対価として相当であると認められる金額

青色事業専従者給与の金額は、「青色事業専従者給与に関する届出書」に記載されている金額の範囲内において、

- 労務に従事した期間
- 労務の性質およびその提供の程度
- 他の使用人が受ける給与の状況
- 同種同規模事業に従事する者の給与の状況
- その事業の種類、規模およびその収益の状況

に照らし、その労務の対価として相当であると認められるものが必要経費となります（所法57①、所令164①）。

したがってその金額が不相当に高額である場合、適正額を超える部分は必要経費に算入することはできません。

QA5-1 事業に従事していない期間の青色事業専従者給与

青色事業専従者である長女は出産のため、これから約4か月の間、事業に従事することができないと思われます。

その間も長女に対して専従者給与を支払った場合、その金額は必要経費に算入することはできるのでしょうか。

5 青色事業専従者給与の金額の検討

　青色事業専従者給与の金額は、その労務の対価として相当であると認められるものが必要経費となります。

　したがって、まったく事業に従事することができない期間に支払うものは、労務の対価とは認められず、長女に対する贈与になると考えられるため、必要経費に算入することはできません。

　なお、その必要経費に算入されない部分の金額は、長女の給与所得の収入金額に該当しないことになります。

(2) 支払いの事実

　青色事業専従者給与の金額は、青色事業専従者が「青色事業専従者給与に関する届出書」に記載されている金額の範囲内において給与の支払いを受けた場合に、その労務の対価として相当であると認められるものが必要経費となります（所法57①）。

QA5-2　青色事業専従者給与の未払い

　資金繰りの関係上、青色事業専従者給与が未払いとなっている場合であっても、「青色事業専従者給与に関する届出書」に記載されている金額の範囲内であれば、必要経費に算入することはできるのでしょうか。

　A　青色事業専従者給与の必要経費算入は、青色事業専従者が実際に給与の支払いを受けた場合に認められます。

　ただし、例えば、月末払いの給与が事業主の資金繰りの関係で翌月に支払われた場合など、未払いになったことについて相当の理由があり、帳簿に記載され、短期間で現実に支払いが行われるような場合には、必要経費に算入できるものと考えられます。

第3章 青色事業専従者給与

(3) 判決例・裁決例による「給与の支払いを受けた場合」の可否についての留意点

① 支払った青色事業専従者給与の「原資」について

支払った青色事業専従者給与の資金の出所(原資)により、「給与の支払いを受けた場合」に該当するか否かが問題となった裁決例があります（事例9参照、204ページ）。

※ 課税当局側の主張

医師である甲には、事業収入の約4倍の給与収入があり、その資金が事業に流入され、妻である乙に支払われていることからすれば、青色事業専従者給与は、事業以外の収入によって支払われているといえ、事業から給与の支払いを受けていた場合には当たらない。

これに対し、審判所は次のとおり、「事業から支払われている」と認められると判断しています。

※ 審判所の判断

本件給料は、事業主借勘定に振り替えられ、事業用とされた現金から支払われている。

青色事業専従者給与の規定について、事業収入以外から事業に流入した資金により支払われた場合に、その支払を必要経費に算入することを認めないと解することは相当ではない。

実際の資金の流れと会計処理は次のようになると考えられます。

5 青色事業専従者給与の金額の検討

> イ 甲の給与収入から事業用現金に資金を移動
>   仕訳
>   (借方) 現金 ○○○円 (貸方) 事業主借 ○○○円
> ロ 乙に対して青色事業専従者給与を支払い
>   仕訳
>   (借方) 青色事業専従者給与 ○○○円 (貸方) 現金 ○○○円

② 青色事業専従者給与の「支払いの事実」と会計処理について

　青色事業専従者給与が支払われたとは判断することができないとされた裁決例があります（事例10参照、208ページ）。
　このケースでは、次のような会計処理が行われていたことが確認できます。

> イ 平成21年分
>   (仕訳)
>   (借方) 青色事業専従者給与 ○○○円
>   (貸方) 妻名義普通預金 ○○○円
>   ただし、この場合の「妻名義普通預金」は、事業主である甲の総勘定元帳の「普通預金」勘定に記帳され、この口座からは、仕入金額、電話料金、電気料金、水道料金などが支出されており、この金額は甲の事業所得の計算上必要経費に算入されていました。
>   また、決算期末において、差額を「現金」勘定で精算している事実が見受けられます。
>   (決算期末の仕訳)
>   (借方) 青色事業専従者給与 ○○○円 (貸方) 現金 ○○○円
> ロ 平成22年分
>   平成22年分の総勘定元帳には、決算期末で「事業主借」勘定により、

青色事業専従者給与を一括で支払った旨記帳している事実が見受けられます。

　（決算期末の仕訳）

　（借方）青色事業専従者給与　〇〇〇円　（貸方）事業主借　〇〇〇円

ハ　平成23年分

　平成23年分の総勘定元帳には、決算期末で「現金」勘定により、青色事業専従者給与を一括で支払った旨記帳している事実が見受けられます。

　（決算期末の仕訳）

　（借方）青色事業専従者給与　〇〇〇円　（貸方）現金　〇〇〇円

③　①と②の相違点

「給与の支払いを受けた場合」の可否について、①と②では次のとおり相違があります。

認められなかったケース	認められたケース
結果として、支払いの事実を確認することができない（事例10、208ページ参照）。	事業収入以外から事業に流入した資金により、事業用の現金から支払われている（事例9、204ページ参照）。

以上のことから、支払事実の実態の確認、その支払いに基づく会計処理を行うことが必要であると考えられます。

(4) 判決例・裁決例による青色事業専従者給与の適正額についての留意点

① 青色事業専従者給与の適正額の規定

青色事業専従者給与の適正額については、前述の(1)のとおり、

- 労務に従事した期間

5 青色事業専従者給与の金額の検討

- 労務の性質およびその提供の程度
- 他の使用人が受ける給与の状況
- 同種同規模事業に従事する者の給与の状況
- その事業の種類、規模及びその収益の状況

に照らし、その労務の対価として相当であると認められるものと規定されています（所法57①、所令164①）。

② 労務に従事した時間について

労務に従事した時間が、他の使用人と同程度であったと判断された次のような判決例があります。

事例 7 （197ページ参照）

甲は、乙は繁忙期には資料を自宅に持ち帰るなどして深夜や休日を問わずに仕事をしていたので、その労務の提供の程度は各使用人の比較にならない程長時間であると主張する。

しかし、乙が事業に従事していた時間は、各使用人よりは一定程度長時間に及んでいたとは認められるものの、各使用人とは質的に異なるといえる程に長時間ではなかったと認められ、乙が提供していた労務の程度は、基本的に各使用人と同程度のものであったと認めることが相当である。

---

③ 労務の性質およびその提供の内容について

労務の性質およびその提供の内容が、他の使用人と大きな差異はなかったと判断された次のような判決例があります。

事例 7 （197ページ参照）

甲は、乙は経験年数27年の熟練の会計業務者であり、非常に重要な要

素を占める会計業務の責任者として各使用人を統括しつつ、乙にしかできない学校法人や医療法人という特殊な会計業務その他の関連業務に従事していたのであるから、乙の労務の内容は各使用人と全く異なるものである上、設備備品を管理するほか、購入の決定権をも有していたのであるから、実質的に甲と共に事務所の共同経営者の立場にあったものであるとして、乙の労務の性質は、単なる税理士業務の補助という各使用人とは質的に異なる旨主張する。

しかし、その労務提供の程度、労務の性質等に照らして、甲事務所における乙の労務の実態は、本質的に税理士業務の補助として、各使用人のそれと同様、同等であって、大きな差異はなかったと認められる。

④　他の使用人が受ける給与の状況と比較する方法について

他の使用人が受ける給与の状況と比較する方法は適当でないと判断された、次のような判決・裁決例があります。

事例7　（197ページ参照）

乙が甲の事業のために提供していた労務の程度については、各使用人を含めて従事時間数を正確に記録したものは存在しないから、客観的な証拠によって具体的に認定できるものはなく、乙及び各使用人の各専用パソコンのパソコンログ記録によって、乙の専用パソコンの稼働時間が、本件各使用人のうちで最も稼働時間が長いAの専用パソコンの稼働時間の約1.21倍であることが明らかになるにすぎない。

したがって、甲事務所における乙の労務の性質が基本的に各使用人と同等であったとしても、各使用人との労務提供の程度の差異が明確ではない以上、各使用人の給与との比較によって乙の労務の対価として相当な額を認定することは適当でないと認められる。

5 青色事業専従者給与の金額の検討

> **事例8**　（201ページ参照）
> 　甲の事業における乙と労務の性質が類似する他の使用人はAであり、乙の給料は、Aが支払を受ける給与の額と比べて約6倍となっているから、この点において、本件給料の金額は不相当に高額であることがうかがえる。
> 　ただし、乙及びAがそれぞれ労務に従事した時間、労務の提供の程度等が記録されたものはなく、その差異は明確でないから、Aが支払いを受ける給与の状況と比較する方法で「労務の対価として相当である」と認められる金額を算定することは相当ではない。

⑤　同種同規模事業に従事する者の給与の状況と比較する方法について

　同種同規模事業に従事する者の給与の状況と比較する方法は合理的であると判断された、次のような判決・裁決例があります。

> **事例7**　（197ページ参照）
> 　課税当局が行った類似業者の抽出条件は、甲の事業態様と類似の同業者を選定する上で合理的であり、抽出された件数も、類似同業者の特殊性ないし個別事情を平均化するに足りるものというべきである。
> 　したがって、甲が乙に支給した青色事業専従者給与のうち、その類似同業者の青色事業専従者給与の平均額の金額を超える部分は、甲の事業所得の金額の計算上、必要経費として算入できない金額となる。
>
> **事例8**　（201ページ参照）
> 　乙に支給された給与額のうち必要経費として認められる適正な金額を決定し得る資料が存在しない以上、課税当局がこれを算出するにつき類似同業者との比準により推計する方法によったことは、やむを得ないと

いうべきである。

また、課税当局の計算した類似同業者の青色事業専従者給与額の平均額は、勤務時間のすべてがその事業のために使われた場合の適正な専従者給与額と評価し得るので、これに乙の全勤務日に占める甲の診療所にて勤務した日の割合を乗じた金額をもって、乙の適正な専従者給与額とした推計方法は合理的と判断することができる。

> **事例9** (204ページ参照)
> 類似同業者に従事する者が支払いを受ける給与の状況に基づき、「労務の対価として相当である」と認められる金額を算定する方法は、業種の同一性、事業規模の類似性等の基礎的要件に欠けるところがない限り、その従事する者の個別具体的事情が捨象される合理的な方法と認められる。
> したがって、乙に対する「労務の対価として相当である」と認められる金額については、類似同業者の青色事業専従者及び使用人が支払いを受ける給与の平均額をもって認定するのが相当である。

⑥　検討事項

青色事業専従者給与については、一般的に親族に対する給与は労務との対価性の有無を問わずに高額になりがちであって、無制限にこれを必要経費として認めると課税の適正公平を損なう危険性が高いことから、青色申告承認者に限り、かつ、提供された労務との対価関係が明確であるものに限り、必要経費として事業所得の金額の算定に際して控除することを認めたものであると判断されています　**事例7**）。

納税者側は、青色事業専従者は、他の使用人とは労務に従事した期間や労務の性質およびその提供の程度が相違するため、支払った青色事業専従者給与が適正額であることを主張します。

5 青色事業専従者給与の金額の検討

　しかし、 事例7 のケース（197ページ参照）のように、その相違を証明することは難しく、他の使用人が受ける給与の状況との比較（使用人給与比準方式）や、同種同規模事業に従事する者の給与の状況との比較（類似同業者給与比準方式）が検討されます。

　ところが、「使用人給与比準方式」については労務に従事した時間、労務の提供の程度等の比較を客観的に行うための記録（証拠）が不備である場合は適用が困難であるとして、「類似同業者給与比準方式」による青色事業専従者給与の適正額が採用されています。

　類似同業者の抽出基準は、次のとおり業種は異なるものの殆どが同条件であり、また、収入金額の条件に「倍半基準（2分の1以上2倍以下）」を採用しています（ 事例8 （201ページ参照）も同様）。

事例7 のケース（197ページ参照）	事例9 のケース（204ページ参照）
税理士資格のみで「税理士業」を営んでいる者であること	内科または〇〇科の病院または診療所を営む個人であること
青色申告決算書を提出している者であること	青色申告決算書を提出している者であること
「税理士業」に係る売上金額が、甲の売上金額の2分の1以上2倍以下の範囲内（いわゆる倍半基準の範囲内）にある者であること	内科または〇〇科に係る事業所得の総収入金額が本件事業に係る事業所得の総収入金額の2分の1以上2倍以下の範囲内（いわゆる倍半基準の範囲内）である者であること
税理士の資格を有していない配偶者のみを事業専従者としていること	医師、看護師、保健師または薬剤師の資格を有していない青色事業専従者又は使用人を有している者であること
会計法人あるいは税理士法人を有していないこと	

　また、 事例8 のケースのように、青色事業専従者の事業に従事する日数が限られている場合においては、類似同業者の青色事業専従者給与額の平均額を、その青色事業専従者の勤務日数で按分して、適正な給与額とする計算方

195

法が認められています。

なお、他にも医師である妻に対する青色事業専従者給与額の適正額について、「類似同業者給与比準方式」を採用した裁決例があります。

裁決・判決例 5-1　「類似同業者給与比準方式」を採用した裁決例
（平成22年2月18日裁決（一部取消し）TAINS　F0-1-349参照）

　妻乙に対する青色事業専従者給与の金額につき、納税者甲は、本件給与額の全額が乙の労務の対価として世間相場から相当な金額である旨主張する。

　しかしながら、労務の対価として相当であると認められる金額は、客観的に認識できるものでなければならないと解されるところ、甲は本件給与額の全額が乙の労務の対価として相当であると客観的に認識できる程度に主張、立証をしなかった。

　届出書には、乙は甲の業務に医師として従事する旨記載されているが、青色事業専従者給与の金額の労務の対価としての相当性を判断する上で、勤続年数、勤務実態、従事内容等の点において、比準対象として適切な使用人（医師の資格を有する者）は、甲が雇用する使用人の中には認められない。

　そこで、当審判所は、各年分の労務の対価として相当な青色事業専従者の給与の金額を判定する方法として、甲と立地条件等を同じくする同規模の医業を営む者に、医師として従事する青色事業専従者及び使用人の平均給与の金額を採用する。

納税者側が、「類似同業者給与比準方式」による青色事業専従者給与の適正額を算定することは、実務上不可能に近いと思われます。

その一方、親族に対する給与である以上、高額になりがちである事実も否定できません。

5 青色事業専従者給与の金額の検討

例えば、他の使用人がいる場合は「使用人給与比準方式」を採用して、その者と青色事業専従者の労務に従事した時間、労務の提供の程度等の比較を客観的に行った記録を整備し、いない場合は、他の事業者（法人を含む）において勤務した場合の一般的な相場を調査して記録を残す等、対策を行う必要があると考えられます。

(5) 青色事業専従者給与の支払いの事実・適正額についての最近の判決例・裁決例

事例7 広島高裁・平成25年10月23日判決（原判決一部取消し、被控訴人の請求及び附帯控訴棄却、上告受理申立て）

TAINS　Z263-12318参照

① 事案の概要

税理士業を営む納税者甲が、妻乙に支給した青色事業専従者給与（平成16年分は1,240万円、平成17年分及び18年分は各1,280万円）について、それぞれ全額を本件各年分の事業所得の金額の計算上必要経費に算入して確定申告をしたところ、課税当局側が、乙の労務の対価として相当であると認められる金額を超える部分の金額は必要経費に算入できないとして更正処分等をした事案です。

② 高裁の判断

高裁は次のとおり、課税当局側が採用した「類似同業者給与比準方式」は合理的で信用できるものであり、それによって導かれた青色事業専従者給与平均額は、本件税理士業務の補助として事業に従事する乙の給与の額として相当であると判断しています。

一　青色事業専従者給与の水準について

甲は、本来法人であれば従業員の給与は当然に必要経費として算入されるのであるから、法人化していない事業であっても極力法人と同様の税務処理をするべきであり、それこそが税の公平な負担に資する

という考えを根底におく所得税法の趣旨からすれば、青色事業専従者給与は法人における給与と同様に原則として必要経費に算入され、相当と認められない部分に限って例外的に必要経費に算入されないと解すべきであり、青色事業専従者の労務とその給与との対価関係が明確であることまでは要求されていないと主張する。

　しかしながら、青色事業専従者給与については、一般的に親族に対する給与は労務との対価性の有無を問わずに高額になりがちであって、無制限にこれを必要経費として認めると課税の適正公平を損なう危険性が高いことから、青色申告承認者に限り、かつ、提供された労務との対価関係が明確であるものに限り、必要経費として事業所得の金額の算定に際して控除することを認めたものであると解されるから、甲の主張は採用できない。

二　労務の実態について

　(イ)　労務の提供の程度

　　甲は、乙は繁忙期には資料を自宅に持ち帰るなどして深夜や休日を問わずに仕事をしていたので、その労務の提供の程度は各使用人の比較にならない程長時間であり、乙が繁忙期以外はほとんど残業をしていない旨証言したのは、自身のことではなく、一般的な勤務時間に関する質問であると誤解したためであるなどと主張する。

　　しかし、乙が事業に従事していた時間は、各使用人よりは一定程度長時間に及んでいたとは認められるものの、各使用人とは質的に異なるといえる程に長時間ではなかったと認められ、乙が提供していた労務の程度は、基本的に各使用人と同程度のものであったと認めることが相当である。

　(ロ)　労務の性質

　　甲は、乙は経験年数27年の熟練の会計業務者であり、甲事務所において非常に重要な要素を占める会計業務の責任者として各使用人

を統括しつつ、乙にしかできない学校法人や医療法人という特殊な会計業務その他の関連業務に従事していたのであるから、乙の労務の内容は各使用人と全く異なるものである上、乙は甲事務所において設備備品を管理するほか、購入の決定権をも有していたのであるから、実質的に甲と共に事務所の共同経営者の立場にあったものであるとして、乙の労務の性質は、単なる税理士業務の補助という各使用人とは質的に異なる旨主張する。

しかし、その労務提供の程度、労務の性質等に照らして、甲事務所における乙の労務の実態は、本質的に税理士業務の補助として、各使用人のそれと同様、同等であって、大きな差異はなかったと認められる。

三　青色事業専従者給与としての適性額について
(イ)　「使用人給与比準方式」による認定

乙が甲の事業のために提供していた労務の程度については、各使用人を含めて甲の事業に従事した者の従事時間数を正確に記録したものは存在しないから、客観的な証拠によって具体的に認定できるものはない。

平成17年2月22日から平成18年12月31日までの期間の甲事務所における乙及び各使用人の各専用パソコンのパソコンログ記録によって、乙の専用パソコンの稼働時間が、各使用人のうちで最も稼働時間が長いAの専用パソコンの稼働時間の約1.21倍であることが明らかになるにすぎない。

したがって、甲事務所における乙の労務の性質が基本的に各使用人と同等であったとしても、各使用人との労務提供の程度の差異が明確ではない以上、各使用人の給与との比較によって乙の労務の対価として相当な額を認定することは適当でないと認められる。

(ロ)　「類似同業者給与比準方式」による認定

第3章 青色事業専従者給与

課税当局側は、本件各年分において、
- 税理士資格のみで「税理士業」を営んでいる者であること
- 青色申告決算書を提出している者であること
- 「税理士業」に係る売上金額が、甲の売上金額の2分の1以上2倍以下の範囲内（いわゆる倍半基準の範囲内）にある者であること
- 会計法人あるいは税理士法人を有していないこと
- 税理士の資格を有していない配偶者のみを事業専従者としていること

等の抽出条件を設定し、甲事務所と近隣の4税務署の類似同業者を抽出した（平成16年分は7人、平成17年分は9人、平成18年分は8人）。

その類似同業者の配偶者に係る青色事業専従者給与の平均額は、平成16年分が571万6,356円、平成18年分が545万0,462円、平成18年分が525万5,915円であった。

上記の抽出条件は、配偶者が税理士業務の補助事務者として納税者の事業に従事している甲の事業態様と類似の同業者を選定する上で合理的であり、抽出された件数も、類似同業者の特殊性ないし個別事情を平均化するに足りるものというべきである。

したがって、甲が乙に支給した青色専従者給与のうち、それぞれ上記の金額を超える部分は、甲の事業所得の金額の計算上、必要経費として算入できない金額となる。

年分	乙の青色事業専従者給与の金額	類似同業者給与比準方式による金額	差引必要経費に算入ない部分の金額
平成16年	12,400,000円	5,716,356円	6,683,644円
平成17年	12,800,000円	5,450,462円	7,349,538円
平成18年	12,800,000円	5,255,915円	7,544,085円

5 青色事業専従者給与の金額の検討

事例8 名古屋地裁・平成13年5月30日判決（棄却、控訴）

TAINS　Z 250-8910参照

名古屋高裁・平成13年12月25日判決（棄却、確定）

TAINS　Z 251-9043参照

① 前提事実の確認

前提事実については次のとおりです。

一　医師である甲は、三女乙に対し、本件各年分において、甲の診療所で診療行為以外の事務に従事した報酬として、毎年540万円の青色事業専従者給与を支給した。

二　他方、乙は平成6年5月から平成8年12月までの期間、A学校法人において週に2、3日、午前9時30分から午後5時30分までアルバイトとして稼働していたが、その勤務日の合計日数は、平成6年分が89日、平成7年分は123日、平成8年分は86日である。

三　甲の診療所における年間診療日数は、平成6年が245日、平成7年が249日、平成8年が240日である。

② 課税当局側の主張

課税当局側は次のとおり、各年分の540万円の青色事業専従者給与は、労務の対価として過大であると主張しています。

一　乙が甲の診療所で従事していた仕事の内容は、受付事務及びカルテの請求漏れ等のチェックであり、A学校法人における勤務時間に照らすと、その勤務日には甲の仕事にほとんど従事することができない。

二　乙の労務の対価として相当な青色事業専従者給与の額は、次に掲げるような基準により抽出された類似同業者が、娘または息子の嫁に支給した給与の額から、一定の統計的手法を用いて異常値と想定されるものを除去した後の給与額の平均額に、甲の各年間診療日数に対する乙の専従可能日数（甲の年間診療日数から、乙がA学校法人

に勤務した日数を控除した日数)の割合をそれぞれ乗じた金額というべきである。

> **参考**
>
> **抽出基準の概要**
>
> 愛知県において、青色申告書を提出する一般診療所(無床診療所)にて医業を営む個人事業者(医師または歯科医師)で、次に該当する者
> ・ 医師、薬剤師、看護婦の資格を有しない妻および娘または息子の嫁1名(平成6~8年の各年分において、年間を通じて事業に従事している者)を青色事業専従者としている者(副業を持っていない者に限る)
> ・ 平成6~8年の各年分の売上金額が一定の基準に該当する者
> ※ 計算方法
>
> $$\text{乙の労務の対価として相当な給与の額} = \text{類似同業者が娘・息子の嫁に支給した額の平均額} \times \frac{\text{乙の専従可能日数}}{\text{甲の各年間診療日数}}$$

三 上記二の計算による、各年分の過大青色事業専従者給与の額は次のとおりである。

	平成6年分	平成7年分	平成8年分
Ⅰ 甲の診療日数	245日	249日	240日
Ⅱ 乙がAへ勤務した日数	89日	123日	86日
Ⅲ 乙の事業専従可能日数(Ⅰ-Ⅱ)	156日	126日	154日

Ⅳ 平均青色事業専従者給与の額	2,960,625円	2,697,273円	3,236,834円
Ⅴ 乙の適正青色事業専従者給与の額（Ⅳ×Ⅲ÷Ⅰ）	1,883,133円	1,364,886円	2,076,969円
Ⅵ 原告が必要経費に算入した乙の青色事業専従者給与額	5,400,000円	5,400,000円	5,400,000円
Ⅶ 過大青色事業従者給与の額（Ⅵ－Ⅴ）	3,514,867円	4,035,114円	3,323,031円

③ 納税者側の主張

納税者側は次のとおり、乙に対する青色事業専従者給与の額は適正であると主張しています。

一 甲の診療所には専従者として乙及び甲の妻のほかに、准看護師3名、事務員8名が勤務していたが、これらは全員がパート勤務であって、診療行為以外の事務の大部分は乙及び甲の妻が担っていた。

甲の診療所のように地方都市にて開業している場合は、掲示している診察時間を越えて診療行為を行っているのが実態であり、残業もしばしばである。

そのため、乙はA学校法人から帰宅した後も、甲の事務（カルテの整理、診療報酬請求手続等）に従事することが少なくなかった。

したがって、課税当局の主張は乙の勤務実態を無視するもので合理性がない。

二 乙は4年制のB女子大を卒業しており、同程度の学歴を有する女子事務員の賃金に見合う給与として540万円は過大とはいえない。

④ 地裁の判断

地裁は次のとおり、乙の適正な青色事業専従者給与額とした課税当局の推計方法は、合理的と判断することができるとしています。

一 甲は、自分や妻が出資して設立した同族会社のC社に対しても、

診療報酬明細書の作成、集計、提出等の診療報酬請求手続の事務を委託している。

甲の診療所の一般事務がどのような内容でその量がどの程度あるのか、そのうちどの部分がＣ社に委託されていたのか、残りの事務をどのように乙と妻とが分担していたのか等、本来ならば適正な給与額の決定に影響を与える諸事情がどのように考慮されたのかについては明らかでないうえに、乙に支給された青色事業専従者給与額は、並行してＡ学校法人に勤務し始めて、逆に増加していることなどの事実を考慮すると、甲による乙の給与額決定は、提供された労務の実態を反映したものではないといわざるを得ない。

したがって、乙に支給された給与額のうち必要経費として認められる適正な金額を決定し得る資料が存在しない以上、課税当局がこれを算出するにつき類似同業者との比準により推計する方法によったことは、やむを得ないというべきである。

二　課税当局の計算した、類似同業者の青色事業専従者給与額の平均額は、勤務時間のすべてがその事業のために使われた場合の適正な専従者給与額と評価し得るので、これに乙の全勤務日に占める甲の診療所にて勤務した日の割合を乗じた金額をもって、乙の適正な専従者給与額とした推計方法は合理的と判断することができる。

⑤　高裁の判断

高裁も地裁と同旨の判断をしています。

事例9　平成27年4月13日裁決（一部取消し）　TAINS　J 99-2-07参照

① 課税当局側の主張

課税当局側は次のとおり、「給与の支払いを受けた場合」に該当せず、また、その全額が「労務の対価として相当である」と認められるものに

一　医師である甲には、事業収入の約４倍の給与収入があり、その資金が事業に流入され、妻である乙に支払われていることからすれば、青色事業専従者給与は、事業以外の収入によって支払われているといえ、事業から給与の支払いを受けていた場合には当たらないから、その全額が事業所得の金額の計算上、必要経費に算入できない。

二　平成18年分〜平成24年分の事業に係る、減価償却費及び青色事業専従者給与を必要経費に算入する前の事業所得は、いずれも損失であった。

　　また、青色事業専従者給与の額は事業粗利益の額を上回り、かつ、事業収入の半分以上を占めていた。

② 納税者側の主張

　納税者側は次のとおり、乙は事業の遂行上不可欠な存在であるから、その全額が労務の対価として相当であると主張しています。

一　甲は、事業における青色事業専従者給与の不足分を個人資産から補塡していたものである。

二　事業が赤字の場合に、青色事業専従者給与が必要経費とならない旨の規定はない。

　　その適正額は、青色事業専従者が必要か、「労務の対価として相当である」と認められるかという点から判断されるべきであり、乙は事業の遂行上不可欠な存在であるから、その全額が労務の対価として相当である。

③ 審判所の判断

　審判所は、次のとおり、乙の青色事業専従者給与は、甲の事業から支払われているものと認められるが、「労務の対価として相当であると認められる」金額は、類似同業者の青色事業専従者及び使用人が支払いを

受けた給与の平均額に相当するものであると判断しています。
一　甲の事業から支払いを受けていたか
　　<u>本件給料は、事業主借勘定に振り替えられ事業用とされた現金から支払われている。</u>
　　<u>青色事業専従者給与の規定について、事業収入以外から事業に流入した資金により支払われた場合に、その支払いを必要経費に算入することを認めないと解することは相当ではない。</u>
　　したがって、本件給料は事業から支払われていたものと認められる。
二　「労務の対価として相当である」と認められるか
　(イ)　乙の労務の内容は窓口業務、電話対応、カルテ整理、レセプト業務及び清掃等の受付・診療報酬請求業務等であり、医師、看護師、保健師又は薬剤師等の資格は有していない。
　(ロ)　甲の事業における乙と労務の性質が類似する他の使用人はAであり、乙の給料は、Aが支払いを受ける給与の額と比べて約6倍となっているから、この点において、本件給料の金額は、「その事業に従事する他の使用人が支払いを受ける給与の状況」に照らすと、不相当に高額であることがうかがえる。
　　　ただし、乙及びAがそれぞれ労務に従事した時間、労務の提供の程度等が記録されたものはなく、その差異は明確でないから、Aが支払いを受ける給与の状況と比較する方法で「労務の対価として相当である」と認められる金額を算定することは相当ではない。
　(ハ)　類似同業者に従事する者が支払いを受ける給与の状況に基づき、「労務の対価として相当である」と認められる金額を算定する方法は、業種の同一性、事業規模の類似性等の基礎的要件に欠けるところがない限り、その従事する者の個別具体的事情が捨象

される合理的な方法と認められる。

※ 審判所における本件類似同業者の抽出条件
・ 本件各年分において、内科又は○○科の病院又は診療所を営む個人であること
・ 所得税青色申告決算書を提出している者であること
・ 本件各年分において、内科又は○○科に係る事業所得の総収入金額が本件事業に係る事業所得の総収入金額の２分の１以上２倍以下の範囲内（いわゆる倍半基準の範囲内）である者であること
・ 医師、看護師、保健師又は薬剤師の資格を有していない青色事業専従者又は使用人を有している者であること　等

(ニ)　乙の事業に従事した時間を直接記録したものはないものの、その内容は受付業務等と認められる。

　　乙の給料の金額は、
・ その従事内容が類似するＡに対する給料の約６倍の金額であること
・ 類似同業者の青色事業専従者又は使用人が支払いを受ける給与の平均額
・ 青色事業専従者給与を控除する前の損失額が一定金額を超えている状況にあったこと

に照らすと、労務の対価として相当な金額ではないと認められる。

　　したがって、乙に対する「労務の対価として相当である」と認められる金額については、上記(ハ)の理由から、本件類似同業者の青色事業専従者及び使用人が支払いを受ける給与の平均額をもって認定するのが相当である。

第3章　青色事業専従者給与

事例10　平成26年3月20日裁決（棄却）　TAINS　F0-1-546参照

① 認定事実

妻乙に対する青色事業専従者給与について、認定事実の概要は次のとおりです。

一　納税者甲の預金口座から毎月現金で出金されていた。
二　源泉徴収簿には、毎月の給与を支給した旨が記載されていた。
三　給与に係る年末調整を行い、源泉所得税を納付していた。

② 審判所の判断

審判所は次のとおり、青色事業専従者給与が支払われたとは判断することができないとしています。

一　預金口座からの毎月の現金での出金は、現金勘定の借方に計上されており、その後の現金の使途は不明である。

（借方）現金　○○○円　（貸方）普通預金　○○○円

二　出金は月の中旬にされており、青色事業専従者給与の支給期は月末という、届出書の内容と相違している。
三　源泉徴収簿に空欄や記載不備な点がある。
四　納付された源泉所得税は給与から源泉徴収されたものではなく、他の預り金から支出されたものであることを考慮すれば、源泉所得税を納付しているとしても、単に甲が青色事業専従者給与を必要経費として計上した金額に、対応する処理を事後に形式を整えたにすぎない。

6 その他の留意点

(1) 青色事業専従者給与の按分（不動産所得と事業所得がある場合等）

不動産所得、事業所得または山林所得のうち２以上の事業を営み、かつ、青色事業専従者がその２以上の事業に従事する場合には、これらの所得の計算上、必要経費に算入される青色事業専従者給与の金額は、それぞれ次のとおりとされています（所令167）。

- その青色事業専従者が、それぞれの事業に従事した分量が明らかである場合は従事した分量に応じて配分して計算した金額
- 事業に従事した分量が明らかでない場合は、それぞれの事業に均等に従事したものとみなして計算した金額

> 計算例
>
> ① 年額300万円の青色事業専従者給与の額で、事業に従事する割合が事業所得に係るもの75％、不動産所得に係るもの25％のケース
>   イ 事業所得の必要経費　　300万円×75％＝225万円
>   ロ 不動産所得の必要経費　300万円×25％＝75万円
> ② 年額300万円の青色事業専従者給与の額で、事業に従事する割合が明らかでないケース
>   イ 事業所得の必要経費　　300万円×$\frac{1}{2}$＝150万円
>   ロ 不動産所得の必要経費　300万円×$\frac{1}{2}$＝150万円

第3章　青色事業専従者給与

> **裁決・判決例 6-1**　青色事業専従者給与の按分（青色申告決算書の記載）に係る判決例
>
> （東京地裁・平成24年9月21日判決（棄却、確定）
>
> TAINS　Z262-12043参照）
>
> 　納税者甲は、平成19年分の所得税に係る妻乙の青色事業専従者給与について、甲の「青色事業専従者給与に関する届出書」において妻が不動産管理、経理業務に関する青色事業専従者であることが確認できるにもかかわらず、青色事業専従者給与を不動産所得の必要経費に算入しなかった違法がある旨主張する。
>
> 　しかしながら、甲は平成19年分の所得税に係る確定申告の際、税理士の関与の下、備え付けていた帳簿書類等に基づいて、「事業所得」に係る青色申告決算書において乙に対する専従者給与の支給額として280万円を控除した上で所得金額を算出しているのに対し、「不動産所得」に係る青色申告決算書においては専従者給与を全く記載していない。
>
> 　したがって、所得税法が申告納税方式を採用し、とりわけ法定の帳簿書類の記載に基づいて確定申告を行う者に対して、所得金額の計算等において有利な取扱いをする青色申告制度を設けている趣旨に照らせば、課税当局が乙に対する専従者給与について、不動産所得に係る必要経費に算入するための要件該当性についてそれ以上の調査をすることなく、その算入をしないで更正処分を行ったとしても、これが違法になることはないというべきである。

(2)　共有する不動産に係る不動産所得の青色事業専従者

① 　共有者が同一の親族を各々青色事業専従者とする場合

　共有物件である不動産の事業的規模の判定（形式基準）については、各々の共有持分ではなく、建物全体の部屋数を基準として判断して差し支えないものとされています（153ページQA2-1参照）。

一方、青色事業専従者に該当するか否かについては、原則として、その年を通じて6か月を超える期間について事業に従事することが要件となります（所令165①）。

　例えば、夫婦の共有物件である賃貸アパート（事業的規模による貸付け）について、子Aを各々が青色事業専従者とするケースでは、Aが夫側の事業に6か月を超えて従事すると仮定した場合、妻側の事業に6か月を超えて従事することが不可能となります。

　したがって、夫婦いずれか一方のみが、Aについて青色事業専従者給与の特例を受けることになります。

② 共有持分を有する者が他の共有者を青色事業専従者とする場合

　自らも持分を有している共有者は、他の共有者のためだけではなく、自己の不動産所得に係る事業を行っていることになります。

　したがって、他の共有者の「事業に専ら従事」したことにならないため、青色事業専従者になることは不可能であると考えられます。

> **裁決・判決例 6-2** 他の共有者を青色事業専従者とすることが認められなかった判決例
>
> （東京地裁・平成15年11月13日判決（棄却、控訴）
>
> TAINS　Z253-9467参照）
>
> （東京高裁・平成16年3月26日判決（棄却、確定）
>
> TAINS　Z254-9610参照）
>
> ①　納税者側の主張
>
> 　納税者甲と妻乙の不動産の共有持分はいずれも2分の1ずつであるが、本件不動産賃貸業に提供する役務労働は、甲よりも乙の方が多い。
>
> 　甲は、このような乙の役務労働の多い分に対する報酬・対価として青色事業専従者給与を支払っているものであり、必要経費に算入されるべきである。

② 裁判所の判断

本件においては、共同事業の一方の主体である乙が、その提供する役務労働の対価ないし報酬として、他方の主体である甲から金員の支払いを受ける何らかの法律関係が存することを認めるに足りる証拠はなく、甲と乙が共同で営む個人事業であることに照らすと、本件給与の実質は、共同事業から生ずる利益の分配にほかならず、甲の不動産所得を生ずべき業務について生じた費用とみることはできないと解するのが相当である。

(3) 青色事業専従者に支払った退職金

青色事業専従者給与とは、その支払いを受けた者の「給与所得」の収入金額となる給料、賞与、手当等をいい、「退職所得」の収入金額となる退職金等や、「雑所得」の収入金額となる退職年金等は該当しないことになります。

したがって、青色事業専従者に支払った退職金は、事業所得等の金額の計算上、必要経費に算入することはできません。

QA6-1 法人成り後、個人事業当時の在職期間も通算して支払われる退職金

Q 当社は私の個人事業を引き継いで設立された法人です。

この度、個人事業当時から在職していた従業員と、個人事業の際は青色事業専従者であり、現在は当社の役員である私の配偶者が退職することになりました。

両名に支払う退職金については、個人事業当時の在職期間に対応する部分についても、当社の損金に計上することはできるでしょうか。

A ① 従業員の退職金について

その退職が、法人の設立以後「相当期間」経過後に行われたものであるときは、その全額を法人の損金の額に算入することとされています。

ここでいう「相当期間」とは、個人の所得税の最終年分の減額更正との関係上、一般的に５年と解されています。

なお、「相当期間」を経過していない場合には、個人事業当時の負担分と法人の負担分を区分し、個人事業当時の負担分は所得税の最終年分の必要経費とし（更正の請求等）、法人の負担分についてのみ損金の額に算入することになります。

② 役員の退職金について

青色事業専従者に支払った退職金は、事業所得等の金額の計算上、必要経費に算入することはできないことから、法人の設立以後「相当期間」経過後に支給されたものであっても、個人事業当時の負担分については法人の損金に算入することはできません。

(4) **青色事業専従者給与の額が事業主の所得を上回る場合**

次のような理由があるときは、青色事業専従者給与の額が事業主の所得を上回ることが考えられます。

- 事業主である本人が高齢になり、その事業主に代わって子供などの青色事業専従者が重要な職務に従事している場合
- 事業主の所得の減少、またはマイナスになった理由が、災害による損失や得意先の倒産による貸倒れが発生したことなど、偶発的なものである場合

このような場合においては、青色事業専従者に支払う給与の額が労務の対価として適正な金額であれば、必要経費に算入することができます。

第3章　青色事業専従者給与

QA6-2　青色事業専従者が事業主を控除対象配偶者や扶養親族とすることができるか

Q　私は、以前より事業的規模で不動産賃貸を行っており、税務署に届出をして妻に支払っている青色事業専従者給与の額を必要経費に計上しています。

ところが、本年は震災により賃貸アパート数棟が損害を受けたため、合計所得がマイナスになることが考えられます。

この場合、私は青色事業専従者である妻の控除対象配偶者に該当するのでしょうか。

A　控除対象配偶者の要件からは、青色事業専従者として給与の支払いを受けている者は除かれています。

しかし、青色事業専従者に該当する者が、その事業主を控除対象配偶者や扶養親族とすることを除く規定はありません。

したがって、妻に支払う青色事業専従者給与の額が労務の対価として適正な金額であり、事業主である本人の合計所得金額が38万円以下の場合は、妻の控除対象配偶者に該当することになります。

著者略歴

【編著者】

平川　忠雄（ひらかわ　ただお）

　東京生まれ。中央大学経済学部卒業。日本税理士会連合会理事、同税制審議委員、東京税理士会常務理事、日本税務会計学会・学会長などを歴任。現在、中央大学経理研究所講師、日本税務研究センター研究員、日本税務会計学会・顧問、日本税理士会連合会全国統一研修会講師。公的審議委員として経済産業省、中小企業庁、国土交通省、税制審議会、日本商工会議所、東京商工会議所の委員を務める。税理士法人平川会計パートナーズ・代表社員として、企業や個人に対するタックス・プランニングの指導などコンサルタント業務に従事。

　著書等：「業種別で見る８％消費税」（税務研究会）、「相続税　修正申告と更正の請求の実務」（税務研究会）、「平成29年度税制改正と実務の徹底対策」（日本法令）、「新税務調査手続の疑問と解答」（ぎょうせい）、「業種別税務・会計実務処理マニュアル」（新日本法規）「企業組織再編税制の実務」（税務経理協会）ほか多数。

■税理士法人　平川パートナーズ（千代田本部）
　　〒101-0021　東京都千代田区外神田６丁目９番６号
　　TEL　03（3836）0876　FAX　03（3836）0886
　　http//www.hirakawa-tax.co.jp

【著者】

中島　孝一（なかじま　こういち）

　東京生まれ。現在、東京税理士会・会員相談室相談員、日本税務会計学会・副学会長、税理士法人平川会計パートナーズ・社員税理士。

　著書等：「業種別で見る８％消費税」（税務研究会）、「相続税　修正申告と更正の請求の実務」（税務研究会）、「平成29年度税制改正と実務の徹底対策」（日本法令・共著）、「新税務調査手続の疑問と解答」（ぎょうせい・共著）、「中小企業の会計要領と実務」（税務経理協会・共著）、「資産をめぐる複数税目の実務」（新日本法規・共著）、「事業承継法制＆税制ベクトル」（税務経理協会・共著）、「新しい信託の活用と税務・会計」（ぎょうせい・共著）、「租税基本判例80」（日本税務研究センター・共著）他

■税理士法人　平川パートナーズ（千代田本部）

西野　道之助（にしの　みちのすけ）

東京生まれ。中央大学経済学部卒業。現在、日本税務会計学会・委員、税理士法人平川会計パートナーズ・社員税理士。

著書等：「業種別で見る８％消費税」（税務研究会）、「相続税　修正申告と更正の請求の実務」（税務研究会）、「平成29年度税制改正と実務の徹底対策」（日本法令・共著）、「資産をめぐる複数税目の実務」（新日本法規・共著）、「同族会社の新事業承継税制と関連税務」（日本法令・共著）、「業種別税務・会計実務処理マニュアル」（新日本法規）他

■税理士法人　平川パートナーズ（上野本社）

岡本　博美（おかもと　ひろみ）

東京生まれ。税理士法人平川会計パートナーズ・社員税理士

著書等：「業種別で見る８％消費税」（税務研究会）、「資産をめぐる複数税目の実務」（新日本法規・共著）、「税理士必携業種別税務ハンドブック」（ぎょうせい・共著）、「新税務調査手続きの疑問と回答」（ぎょうせい・共著）、「財産価格証明の手引き」（新日本法規・共著）、「税務疎明辞典〈資産税編〉」（ぎょうせい・共著）

■税理士法人　平川会計パートナーズ（千代田本部）

若山　寿裕（わかやま　としひろ）

東京生まれ、明治大学商学部卒業。現在、税理士法人平川会計パートナーズ・税理士

著書等：「平成29年度税制改正と実務の徹底対策」（日本法令・共著）、「資産をめぐる複数税目の実務」（新日本法規・共著）、「税理士必携業種別税務ハンドブック」（ぎょうせい・共著）、「民事信託実務ハンドブック」（日本法令・共著）

■税理士法人　平川パートナーズ（上野本社）

小山　武晴（こやま　たけはる）

税理士法人平川会計パートナーズ・税理士

著書等：「相続税修正申告と更正の請求の実務」（税務研究会・共著）、「平成29年度税制改正と実務の徹底対策」（日本法令・共著）、「民事信託実務ハンドブック」（日本法令・共著）、「税理士必携業種別税務ハンドブック」（ぎょうせい・共著）

本書の内容に関するご質問は、なるべくファクシミリ等、文書で編集部宛にお願いいたします。(fax 03-3233-0502)
なお、個別のご相談は受け付けておりません。

本書刊行後に追加・修正事項がある場合は、随時、当社のホームページ（https://www.zeiken.co.jp）にてお知らせいたします。

家事関連費を中心とした必要経費の実務

平成28年11月7日　初版第一刷発行　　　　　（著者承認検印省略）
平成29年7月6日　初版第二刷発行

　© 編　者　　平　川　忠　雄
　　著　者　　中　島　孝　一
　　　　　　　西　野　道之助
　　　　　　　岡　本　博　美
　　　　　　　若　山　寿　裕
　　　　　　　小　山　武　晴

　　発行所　　税務研究会出版局
　　　　　　　週刊「税務通信」「経営財務」発行所

　　代表者　　山　根　　毅

郵便番号101-0065
東京都千代田区西神田1-1-3（税研ビル）
振替00160-3-76223
電話〔書　籍　編　集〕03(3294)4831〜2
　　〔書　店　専　用〕03(3294)4803
　　〔書　籍　注　文〕
　　（お客さまサービスセンター）03(3294)4741

● 各事業所　電話番号一覧 ●

北海道 011(221)8348　　中　部 052(261)0381　　九　州 092(721)0644
東　北 022(222)3858　　関　西 06(6943)2251　　神奈川 045(263)2822
関　信 048(647)5544　　中　国 082(243)3720　　研　修
　　　　　　　　　　　　　　　　　　　　　　　センター 03(5298)5491

〈税研ホームページ〉 https://www.zeiken.co.jp

乱丁・落丁の場合は，お取替え致します。　　印刷・製本　東日本印刷株式会社
ISBN 978-4-7931-2218-7

資産税関係

《2017年4月1日現在》

土地評価に係る現地調査の重要ポイント

吉野 広之進 著／A5判／228頁

定価 **2,268円**

「土地の現地確認」に焦点をあて、土地評価の方法等について、わかりやすく解説しています。現地調査に行って判明した事項を27例集め、それぞれ会話文と解説という形で構成しました。これから土地評価に携わる方には最適な書籍となっています。

2016年11月刊

実践 土地の有効活用
所法58条の交換・共有地の解消(分割)・立体買換えに係る実務とQ&A

松本 好正 著／A5判／484頁

定価 **4,320円**

土地の有効活用において欠かせない手段である「固定資産の交換」「共有地の解消」及び「立体買換え」の実務と、それに係る課税関係についてわかりやすく解説し、91問のQ&Aを織り込んでいます。

2016年10月刊

都市近郊農家・地主の相続税・贈与税

清田 幸弘 編著／下﨑 寛・妹尾 芳郎・永瀬 寿子 共著
A5判／186頁

定価 **1,944円**

都市近郊農家や地主の方々のため、相続税・贈与税の基本、生産緑地制度・農地の納税猶予の特例の取扱いや、土地などの相続財産の評価方法、納税方法についてQ&A形式で解説。これまで以上に相続税・贈与税の対策が必要になってきている都市近郊農家・地主の方々におすすめの一冊です。

2016年3月刊

〔七訂版〕
遺産分割の手続と相続税実務

小池 正明 著／B5判／732頁

定価 **4,968円**

遺産分割をはじめ相続放棄や限定承認、相続の手続、遺留分やその減殺方法など多種多様な実務処理とそれを的確に実行するためのポイントを解説しています。本版は、平成27年1月より適用されている相続税制に対応し、設例や計算例も多数収録しています。

2015年11月刊

税務研究会出版局

注文・お問合せはこちら ▶ TEL.03-3294-4741　FAX.03-3233-0197　https://www.zeiken.co.jp

定価は8％の消費税込みの表示となっております。

法人税関係

《2017年4月1日現在》

〔八訂版〕
法人税基本通達逐条解説

小原 一博 編著／A5判／1680頁

定価 7,776円

本書は、法人税基本通達の全項目について、「通達原文」、「改正の経緯」、「関連法令の概説」、「旧通達との関連」、「条文制定の趣旨、狙いを含めた実務解説」、「適用時期」の形で解説しています。経理担当者、職業会計人、税務職員の必携書です。

2016年7月刊

〔全訂六版〕
医療法人の設立・運営・承継と税務対策

青木 惠一 著／A5判／696頁

定価 3,240円

医療法人の設立・運営・事業承継時に留意すべきポイントと税務対策についてQ&A形式で網羅的に解説した好評書の最新版です。本版では、近年、相次いで行われてきた医療法改正によって様変わりした医療法人法制を反映し、大幅に内容を見直しています。

2017年4月刊

〔第9版〕
法人税等の還付金・納付額の税務調整と別表作成の実務

小池 敏範 著／B5判／248頁

定価 2,160円

法人税の申告実務の重要な事項の中で、意外に難しいのが法人税等の租税公課の会計処理と税務調整です。本書は、法人税等の還付金・納付額の取扱いに的を絞り、税務調整のしかたと別表の作成方法をわかりやすく解説しています。

2016年11月刊

〔第4版〕
ソフトウェアの法人税実務

自閑 博巳・唯木 誠 共著／A5判／260頁

定価 2,376円

ソフトウェアの資産区分が減価償却資産に変更されたことに伴い、税務上の取扱いに関して多くの点で重要な変更がもたらされました。本書は、ソフトウェアに関する法人税法上の具体的な処理を「解決編」と「Q&A編」で明らかにした、税理士等の実務家の必携書です。

2016年10月刊

税務研究会出版局

注文・お問合せはこちら ▶ TEL.03-3294-4741　FAX.03-3233-0197　https://www.zeiken.co.jp

定価は8％の消費税込みの表示となっております。

消費税・印紙税関係

《2017年4月1日現在》

〔六訂版〕
消費税の課否判定と仕訳処理

上杉 秀文 著／A5判／744頁　　　定価 **4,536**円

勘定科目別に選定した事例を基に「課、非、不」の判定と仕訳処理を示し、わかりやすく解説。今回の改訂では、リバースチャージ方式のほか、今後導入が予定されている軽減税率、適格請求書保存方式なども含め、平成28年度改正までの内容を織り込みました。また、新たな事例52問を追加し、総数817事例を収録しています。　2017年2月刊

〔第2版〕
消費税の誤りやすい届出・申請手続の実務対応

竹内 綱敏 著／A5判／252頁　　　定価 **2,052**円

届出・申請手続のミスによる過去のトラブル事例や判例・裁決等に基づき、消費税の有利選択のために必要とされる届出・申請手続に焦点を絞り、提出すべき書類の様式や記載事項を含めた実務上の留意点を、詳細かつ平易に解説しています。　2017年4月刊

新しい消費税 完全マスター

あいわ税理士法人 編／A5判／380頁　　　定価 **2,484**円

変わりゆく消費税の現行制度を押さえたうえで、インボイス制度の導入による変化や導入前後の対応について解説しています。消費税全般をイチから学ぶ方にも、また、現行制度にインボイス制度がどのように変化をもたらすかを学びたい方にも、広くご活用いただける内容となっています。　2016年12月刊

〔四訂増補版〕
印紙税実務問答集

見﨑 治久 編／A5判／520頁　　　定価 **3,888**円

印紙税に関する解釈、取扱いを「総則編」、「課税物件編」に大別し、約400問に及ぶ具体的な事例によって、その考え方や判断基準についてわかりやすく解説しています。本版は、約8年ぶりの改訂となっており、最近よく質問がある事項や問題点を事例として追加収録しています。　2015年9月刊

税務研究会出版局

注文・お問合せはこちら ▶ TEL.03-3294-4741　FAX.03-3233-0197　https://www.zeiken.co.jp

定価は8％の消費税込みの表示となっております。